神經
Neuroeconomics
經濟學

你夠瞭解自己嗎？

其實，你不是真的那麼瞭解你自己。
如同，你不是完全理性決策的人。

其實，感情用事，沒壞過你的事！
然，你也無法活到今天。

信你的「感覺」！

會找到你要的答案！

秉聰、白紀齡/合著

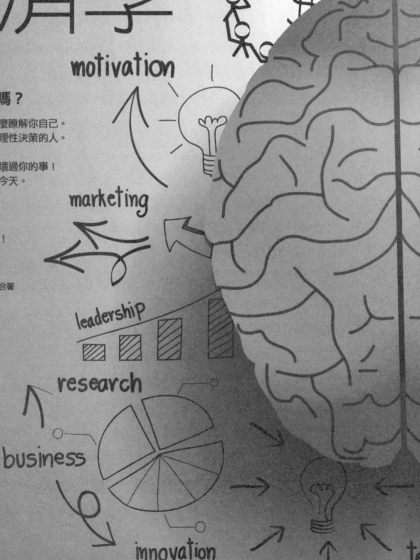

vision

motivation

marketing

leadership

research

business

innovation

ideas

te

目　次

推薦序

經濟研究向來強調理性，從數理邏輯出發而推論出最佳的決策。自從1955年赫伯特‧賽門 (Herbert A. Simon) 的一篇文章「A Behavioral Model of Rational Choice」中，為理性的極限做了最佳的說明，在這篇文章中，賽門指出，個體決策時受限於其認知的資訊、可採取的行動、以及無法做各種可能的比較。在種種限制之下，想要達到最適的決策如同是緣木求魚的不可能任務。因此，賽門提出了有限理性 (bounded rationality) 的觀念並將最適的 (optimal) 決策修正成較可行的滿意 (satisfactory) 決策行為。賽門的努力為機械式的經濟決策注入了一些人性。

談到腦的研究歷史，埃及時期，人們已經發現腦跟心智活動的關係。一直到18世紀後半，並沒有太多的進展。對於大腦的看法直到弗朗茨‧高爾 (Franz J. Gall) 於1796年提出顱相學 (phrenology)，開始想像不同的區位與特定功能的關連。在 1929 年拉胥利 (Lashley) 經由動物實驗的結果，提出等勢說 (equipotentiality)，說明大腦每一個區域功能一樣重要，缺損一部分仍可正常的運作。1949年拉胥利的學生唐納德‧赫伯 (Donald O. Hebb) 進一步提出細胞自組 (cell assembly) 的觀念來詮釋拉胥利的發現，其關於神經細胞的連結與學習促使了人工智慧科學在類神經網路的發展。

　　人們對真理的追尋從未停止，1970年代正值認知心理學開始發展，心理學家認為人類無法直接感知這個世界各種狀態與可行的行動。我們的知覺、思考與行動需要從內部的轉換與計算而來。資訊雖由感官獲得，但人們理解資訊的能力，往往受限於經驗，經過複雜的交互作用後選擇一個近似的答案。通過卡尼曼和特沃斯基的努力心理學和經濟學的交流愈來愈頻繁，孕育出行為經濟學和財務學。

　　受到心理學的影響，經濟學對個體決策的真實行為愈來愈感興趣。個體決策受到生理結構的約束，注意力的限制，的確讓人們不容易做到最理性的決策。克里斯托弗·查布里 (Christopher Chabris) 與丹尼爾·西蒙斯(Daniel Simons) 所著的「The Invisible Gorilla: And Other Ways Our Intuitions Deceive Us」告訴人們，大腦常常只選擇自己想要的資訊，其實我們不知道的還很多。然而，為了生活愉快，不需有非必要的恐懼，我們的大腦已經養成自己有能力控制一切假像。因此，粗心大意、自我感覺良好、及過度自信成為家常便飯。

　　本書揭露了當今神經生物科學對大腦結構的認識，搭配相關腦造影及動物實驗的文獻來解釋人們感官接收的資訊之後的神經傳導路徑，以及不同的訊息觸發不同的迴路。很自然的，科學的進展進一步追究實際決策背後的神經活動，希望能回答或預知決

策或選擇的結果。目前已經有相當豐富的成果，例如，接受到獎勵刺激所誘發的報償迴路，將引導後續的注意力以及選擇行動，這就是「效用」的來源，也是經濟學家一直以來所探索的聖杯，在書中第1章所談的偏好將有精彩詳實的報導。

讀過卡尼曼「快思慢想」的讀者，一定也會好奇背後的神經機制。在本書，亦補充了相關的腦神經基礎，從巴甫洛夫(Pavlov) 1927年的工作出發，解釋自動化及習慣化的反應，亦即「快思」系統的形塑，很多習以為常的行動都需經歷這個過程。當「快思」系統失敗或無法解決問題，才是費力的「慢想」系統上場的時候。所謂的「情感」(affection) 與「認知」 (cognition) 系統亦是雙系統的別名，例如，受到不公平待遇時，雖然「情感上」報復是最能得到快感的做法，但若報復需要成本，「認知」系統則會出場，讓我們冷靜思考。這兩類的系統對於決策的影響，在第2章的雙系統亦有精彩的介紹。

本書由經濟學的效用「值」(value)來貫穿，此「值」具體反應在多巴胺系統的迴路，帶給人們快樂與痛苦的感覺，使我們面對風險與未來不確定時有所應對。對於社會情感更有著不可忽視的影響，存在腦中的「鏡神經元」(mirror neuron) 具有天生的模仿功能，使人們有感同身受的能力，完整了經濟學之父亞當斯密在「道德情操論」與儒家傳統思想「人飢己飢、人溺己溺」的真諦。在本書的互動式賽局實驗以及社會偏好的介紹中將有完整的揭露。

最後，到了書的尾聲，作者融入了一些開放、具創造力、文化及藝術的氣息。所謂的「創新」，必然受到一連串的誘發影響，前人或眾人的工作功不可沒。當然，也許我們已經失去了成為偉大創新者的機會，但不要忽視自己腦中潛在的力量，近年來的「創意市場」(idea market)，結合個人的創意提案以及市場交易機制。個人的小小發想，與相關的思想交流將可能產生出意想不到的火花，產生出自己從來沒想過的創意，若「個人腦」(individual brain) 進化成「社會腦」(social brain) 能為人類帶來福利，那將相當美好，更是一件讓人快樂的事。

陳樹衡 教授

國立政治大學經濟系教授兼國際合作事務處處長

推薦序

　　身為表演者，在詮釋樂曲時常常有許多必須注意的面向：作曲者的創作背景、樂曲時代風格、台下觀眾的認知能力等等，這些必須要考慮的因素複雜且細密，常讓演奏者在專注之餘不禁思索：為何不能單純的演奏自己想要詮釋的方式？為何一定要依照種「制約」的模式？但是這樣的訓練久而久之，練就出藝術家神經細膩、感受力強，與人交談與相處之間極為敏感的特質。

　　但是身為藝術管理者，所面對的情境就更多了，不但要顧到前述與藝術家相處的情緒管理，還要處理行政瑣事會遇到的諸多變數，例如危機管理、談判、流程管理、行銷計畫等等，諸多內在與外在的感性與理性的交戰，更常讓人感嘆「藝術家怎麼這麼難搞」？

　　藝術家真的難搞嗎？其實和一般大眾所認知的相反，藝術家是一群內在感性、但是外在必須理性的人，因為情緒可以被抒發，但是必須控制在可管理的範圍之內，否則音樂不成調、情感沒有層次，無法感動觀眾，更無法成為藝術大家。所以表演者乃至於藝術管理者必須深入探究自我內心的感性與理性邊際，有效控管自我情緒，用淺白的說法，就是控制自己的「神經」。

　　紀齡兄在國立臺灣師範大學表演藝術研究所教學，他精闢的專業見解與獨到的語彙經常給學生當頭棒喝、使之立即振筆疾書，此次與池教授共同撰寫「神經經濟學」亦頗符合其個人風

格，以人的最基本構成「神經」探討情緒的各種反應。如同柏拉圖在「洞穴預言」所探討「真實世界」與「外在世界」的因果；又如叔本華思索「意志與表象的世界」之差異，本書引領所有領域的工作者深究「神經」所帶來的一連串連鎖反應，是一本不可錯過的好書。本人在欽佩與讚嘆之際，樂之為序強力推薦！

何康國 教授兼所長
國立臺灣師範大學表演藝術研究所

自序

　　由於個人的研究背景是以人工智慧方法研究經濟學，因此，常常有人問我是不是在研究類神經網路 (artificial neural network)。我猜這大概是人們對人工智慧的第一印象吧！也因此讓我跟「神經」這兩個字結緣。唯一不同的是這本書介紹的並不是模仿神經運作的「類」神經，而是真實存在你我大腦中的「真」神經。透過這本書的介紹，我們看到國際間正積極的在研究大腦，想盡辦法要瞭解人腦是怎麼運作的。

　　最近甚至有研究把腦筋動到狗的大腦，在布達佩斯由Attila Andics領導的團隊最近在Current Biology發表的研究成果「Dog and human brains have 'voice areas' in same places」發現狗和人類在聽覺區的反應類似。狗的確可以理解人類的情感，因此，從社會化的角度，兩者是可以溝通的。科學家必定不滿足於知道大腦的運作原理，有更多的創新應用將成為可能。美國康乃爾大學以及哈佛大學的研究團隊2014年發表在 Nature Communications的文章「A cortical–spinal prosthesis for targeted limb movement in paralysed primate avatars」跟剛才的人與狗透過聲音溝通不同，他們是實際把兩個猴子的神經連在一起，證實在不同的生物體之間神經訊號是可以傳遞並且控制另一個生物體。大腦有千億以上的神經元，神經元彼此溝通，有些神經元可能衰老死亡，但我們卻

感覺不到有什麼改變，那是因為神經元彼此仍還有實際的連結，一旦連結真的斷掉，即會造成癱瘓，這些研究讓科學家燃起了治療肢體癱瘓者的希望。

大腦讓我們不用擔心一分鐘要呼吸幾下、心跳要多快、腸胃要怎麼消化食物等基本功能。太多的事情，像是開車的時候方向盤要向左右轉幾度也不須思考。從小到大週遭環境的耳濡目染，由「洒掃、應對、進退」學習社會互動的模式，造就了人格、偏好以及習慣。大腦的神經元一旦養成，隨著年齡增長，其變化的程度或可塑性將愈來愈小，也就是所謂的「老狗變不了新把戲」。基本上成年者的腦神經元已經掌握特定的功能，德國University of Tübingen的研究團隊證實有一些盲人的確具有超過常人的聽力，但只發生在後天失明的盲人，因為先天失明者，視覺區的神經元根本沒有機會被使用，而後天失明者，視覺和聽覺區有一些交互作用，一旦視覺喪失，視覺皮質便加強和聽覺皮質聯繫，加強了聽覺能力。這說明神經仍具有相當的彈性，但需有「中介」才有機會促成。同樣的，視覺和聽覺神經元重疊的情況，從國人看電視的習慣可以得到驗證，與歐美相較，我們普遍過分依賴字幕，一旦沒有字幕，國語亦變得較難理解，這是聽覺被視覺取代的現象。

　　從生物的行為可以觀察到很多高難度的動作，實際上都是經由學習而來的。以前我們認為人腦還有很多未開發的區域，人類的潛能發展無窮，這個假設對於成年人的大腦是否成立有待商榷。大腦絕對是有效率的使用資源，沒有用的神經元就會被淘汰。經濟學開宗明義告訴我們因為「資源有限，欲望無窮」而必須面臨抉擇，神經元結構即是充分利用資源有效抉擇後的結果。本書是在成年人的神經結構下，來看其表現出來的經濟行為。如果經濟學是一門研究人類選擇行為的社會科學，那麼神經經濟學就是一門研究「大腦」選擇行為的社會科學。

　　對於選擇，並不是單單只有智慧就能辦到，奧爾森 (Olsen) 在2008年發表的一篇文章「Perceptions of financial risk: axioms and affect」指出要做決策，情緒 (emotion) 是必要的觸發器，若沒有情緒，人們將退化並淪為無窮計算迴圈的失能者。因為大腦中情緒系統的「頻寬」很大，而理智認知系統的「頻寬」很小，所以容易因一時衝動而做決定，事後才感嘆「早知道」就不要這樣做了。

　　一個人也許可能沒有美感或藝術天分，但這並不影響他對音樂和藝術作品形成喜好。華視新聞雜誌在2013年製作了「藝術大師的腦內旅程」(Hello, Brain) 專題報導。其中，必須經歷過才能感同身受，這是是否「練過」(學習過)的差別。一個沒有經歷過失敗的人，無法同理挫折的感受。共同的經驗和回憶是社會化很

重要的歷程。希望本書介紹的內容，能讓讀者對神經科學、經濟學和社會科學有更深入的認識。

　　一個國家的國力反應在人民的「腦力」，怎麼樣從教育、文化、政治、媒體環境來著手開發與保護腦力，是值得思考的議題。哲學家向來對探討人是否具有自由意志充滿興趣。藍天、白雲、青山、綠水這些自然不過的景像背後隱含著大氣、磁場等地球的保護機制，太陽經過大氣的層層過濾傳遞生命的能量，維持生態的繁榮。環境能穩定的提供我們生存所需，來自於環環相扣的精巧設計，否則失衡將成為常態。神經機制如同自然界一樣有很強的韌性來因應改變。中文將 neuro 譯成「神經」，不可不謂是神來之筆！顧名思義，「神經」不就是精神所在或是神所經之處嗎？

池秉聰

自序

　　回想自己碩士班在上「管理經濟學」的時候，當時這門課是由兩位教授合開，一位資深、嚴肅、嚴謹；另一位年輕、親和、剛從國外回來，兩位是完全不同的典型。那位資深的教授常掛在嘴邊的一句話：「這世界上沒有什麼東西叫做太理論，只有一種情況，就是你完全不懂理論！」。這句話對我影響深遠，特別是當我選擇繼續攻讀產業經濟博士班之後，所有理論研究的數學模型推導，最後都蘊藏深刻的意涵，甚至到達饒富哲理的境界。最讓我佩服的是：往往一個簡單的數學式子，卻能夠解釋人類社會錯綜複雜的、利益糾葛的、愛恨交織的、恩怨情仇的運作機制。

　　而那位年輕的教授則是在第一次上課的時候，以一個玩笑作為開場白，他舉美國雷根總統曾經「虧」經濟學家的例子：「An Economist is the only professional who sees something working in practice and then seriously wonders if it works in theory！」。這句話其實還頗傳神的，總會讓人發出會心一笑。一樣，在攻讀產業經濟博士的日子裡，每每閱讀實證研究的文獻而覺得無奈至極時，都會不經意的想起這句經典名言，也算療癒自己一下。

　　這兩句看似對立的觀點一直陪伴著我，因為我明瞭經濟學家一直在做的是一個社會脈絡接續性的系統性工作，將所有的線索、端倪、現象系統性的彙整成可依循的脈絡，銜接已知與探向

未知。而，經濟學一直以來也是一門研究小自個人、大到整體社會如何決策的學科。「決策」（decision making）是人們主觀偏好與客觀環境交互作用的結果。人們活在社會運行之中；社會又是每個個人的聚合體，互動下彼此影響著對方又深受對方影響，於是，為了探究這個錯綜複雜的機制，經濟學家們又開啟了新的社會脈絡接續性的系統性工作。

這一次，經濟學家們承接了心理學、社會學、社會心理學、腦科學、神經科學、生物學等現有基礎，在這個「超級跨領域」裡，重新探索並驗證、審視過去所有的假設，名之為「神經經濟學」（Neuroeconomics）。很高興的，走過、路過，而我沒有錯過！

白紀齡

前言

　　即使是一隻螞蟻，也有一個小小的腦袋，其中裝了約數十萬個神經元，指揮牠各種行為。如果生命現象是穩定的取得能量和代謝以及繁衍，那麼什麼機制讓生物能做到生存、繁衍與適應環境呢？神經元肯定是這背後最重要的功臣。就連不被認為具有大腦的植物，布倫納 (Brenner) 等人的研究在2006年發現植物根部也具有類似神經元的特徵 (Brenner et al., 2006)。那麼我們呢？我們或許不是世界上腦容量最大的物種，但我們可能是這個地球上唯一可以靜下來思考什麼是神經元的物種。維也納大學康士坦丁・梵・艾克諾摩 (Constantin von Econom) 的估計，成人的腦神經細胞約有一千五百億個。也就是說人類的大腦約有一千億以上的神經元。一千億為10的11次方，看看前面的小螞蟻則是以10的6次方來計。這些神經元如果彼此「完全」相連，那肯定太複雜，所以在成長過程中，伴隨學習和環境的探索，神經的連結會先增後減，增的原因是大腦不排除更多的可能性，減的原因是大腦的功能愈來愈特定化，神經連結的用進廢退讓人愈來愈有自己的個性，即使連結仍以兆計。那麼這麼多相連的神經元在做什麼？或者，我們現在問自己正在想什麼？或正想做什麼？我們如何能確切知道這類問題的答案？如果換個問法，這是不是在問我們的動機；也就是在問我們大腦中來來往往的神經訊號與腦皮質的電子能量與化學物質的運行？

神經系統的主要功能在克服環境及社會的挑戰，目的不外乎維持生存與繁衍。經濟學中的「效用」或「價值」及「最適化」即是在相似的框架下，描述選擇與決策的行為。腦科學從1989年美國老布希總統宣布為國家研究的重點以來，至今超過二十年了。各國重點大學皆積極設立腦科學研究中心，目的是揭開「腦」這個黑盒子。腦科學也儼然成為待開發的產業，甚至是國家競爭力勝出的關鍵。然而，腦中不外乎是電流和化學物質的傳導，其中有何「奧妙」之處？我們將以經濟學、心理學、神經科學與行為科學的重要發現來揭露。

本書的結構如下，從經濟學的核心出發，第1章偏好，由一個人的苦樂感受 (效用) 到行為動機背後的神經機制。第2章介紹大腦結構與存在同一個腦中的兩個系統，快速反應且不太需要思考的自動系統與深思熟慮的控制系統；前者由較原始的大腦皮層主導，由於速度快，不需思考，反應出來就像是情緒，在您還沒意識到問題時可以帶您趨吉避凶，也可能在您還沒搞清楚事情的來龍去脈，就做了可能讓您後悔的決定，還好人類的前額葉，較進化的皮層，有判斷事態局勢的功能，讓人們的行為更理性，做出更長遠有益的決策。第3章和第4章討論更接近現實生活的環境，在不確定的情況下，住在我們腦中的這個摩登原始人該怎麼面對？我們發現人類

注意力似乎不太集中或能夠全面性思考,因此,很容易陷入小格局,導致最後的選擇存在相當的不可預測性,但基本上,從觀察人們所面對的問題與其決策行為仍有跡可尋,這部分在第4章的行為經濟學有詳盡的闡述。第5章我們討論常被忽略的時間概念,討論短視近利與深謀遠慮的差異,將影響個人的長期表現,也許最大的敵人就是自己,因為我們常跟未來的自己搶資源,老大徒傷悲的遺憾將難以避免,在此同時,我們看著自己,也看著別人,社會同儕的壓力也在迫使我們應該要更努力,科技的進步在改進人類的福祉,我們尋求的是一種生存之道或更重要的精神和物質的富饒之道。第6章我們從個人為主的決策分析進入到人與人互動的經濟學分析,賽局理論,透過嚴謹的設計研究爾虞我詐決策背後的神經機制,第7章再深入社會化的偏好,討論人類與生俱來的社會天性。第8章,可遇不可求的創新機制從何而來,實際上,這是創造者按著祂的形象所賦予人類的能力,存在我們的神經機制中。最後,我們以創新與效用間的互動關係貫穿本書作為總結。

延伸閱讀

Brenner, E. D., Stahlberg, R., Mancuso, S., Vivanco, J., Baluška, F., & Van Volkenburgh, E.(2006). *Plant neurobiology: an integrated view of plant signaling. Trends in plant science*, 11(8), 413-419.

第*1*章 偏好

1.1 快樂從何而來？

在園區擔任工程師的志文，享受著自由自在的單身生活，他正在計劃一趟週末的單車美食之旅，他想到了北海岸有一家海鮮餐廳提供很美味的海鮮。因此，北海岸路線的規劃當然不可少了這家餐廳，並且之後到一個露天咖啡座享受海風吹拂的夕陽。這時，光是計劃這趟行程就已經讓志文感覺到快樂了。期待的週末終於到來，老天爺很體貼的給了一個涼爽的天氣。志文出發了，一路上都很順利，接近中午時，如同所計劃的來到餐廳。可是當天人太多，志文有點失望，但總不能一直忍受餓著肚子！於是他又繼續騎車來到另一家牛排館，飢餓的志文點了一客牛排，嚐了之後發現很美味，心情也愉悅了起來。飽餐之後，行程又經過了許多美麗的海岸風光，最後來到預訂的咖啡座，志文悠閒的喝著咖啡，迎著徐徐的海風，夕陽餘暉時，看到一幅美麗的剪影，一位長髮的女子在他前方的咖啡座享受著落日。志文腦海像偵探一樣快速整理線索判斷出這女子應該也是單車同好，並且是獨自一個人。於是他的心跳和呼吸加快，開始計劃一場冒險，想要認識這名女子，並盤算著下一步的行動。

我的快樂來自何方？假期、旅遊、美食、驚喜、成功等都是

讓人愉悅事情。大部分追求快樂的人都擅長計劃，並按部就班的工作來達成自己目標。經濟學家一直以來都在追求一個很重要的議題，那就是什麼元素構成我們的快樂 (效用) ，我們怎麼達到最快樂的境界 (效用極大化) ？如果讀者的心情也會跟著志文的遭遇起伏，那表示你能「同理」他人的感覺，這種神奇的能力，是我們先天的傾向加上後天不斷的從他人的表情、文字、與影像逐漸揣摩而來。

經濟學家在解釋消費者理論時，消費者以滿足偏好為目標，並選擇最佳的消費組合，以達到效用極大化。然而，這個問題看似容易卻無從驗證。1871年威廉·傑文斯 (William Jevons) 悲觀的認為：「我實在不願點出人們將無法找到直接測量人類心中感覺的方法。就算是量化了感覺，我們還必須找出比較的基礎。」

回顧一下志文的故事，請留意引號中的關鍵字。志文「喜歡」北海岸的風光及海鮮的美味於是「想要」去計劃行程。途中遇到的餐廳客滿而「失望」，但仍「需要」填飽肚子，才到了另一家牛排館，嚐過之後得到了「驚喜」，整個心情也變好。之後，又再度遇到可能改變人生的另一個「驚喜」。我們應不難察覺有些事需要經歷過才會「喜歡」，換句話說，過去經驗形成偏好。我們假設志文心中或應該說腦中的內在狀態如下：因為經歷過所以「喜歡」，因為「喜歡」所以「想要」。若「想要」沒有辦法滿足則轉成「失望」。另外，生理需求 (如飢餓) ，不需要經歷過也會引起「需要」。最後，沒有預期到的事，則成為「驚

訝」，若為好的「驚訝」則是「驚喜」，將很有可能成為另一個「喜歡」或形成另一種偏好。

以上的推測在從前無計可施的年代，這些內在狀態永遠不可能得到證明，保羅・薩繆爾森 (Paul Samuelson) 1938年想出用間接的方式來實現。想法很簡單，既然人們有追求快樂的天性，我們觀察人們的選擇。相同的預算限制下，當A跟B兩種商品組合。若我們觀察到志文選了A，那就表示志文偏好A組合。而之所以會看到志文有時選擇B，那是因為他當時可能買不起A妥協後而選擇B。因此，薩繆爾森 (Samuelson) 發展了顯示性偏好理論 (reveal preference theory)，利用嚴謹的公理來說明偏好的性質。讀者可能會想，志文難道不會改變嗎？經濟學家其實已經非常嚴謹的處理這個問題，關鍵就在於「組合」，所以一個組合就包含了志文的所有生活習性與喜愛的事物。

1.2 神經經濟學的發展

隨著現代物理學及醫學的進步，成就了功能磁振造影 (functio-nal magnetic resonance imaging, fMRI) 技術，實現傑文斯 (Jevons) 認為不可能的觀察。這項技術利用偵測大腦微血管中的血氧濃度，可以讓我們有機會觀察決策時腦部有哪些區域產生反應 (反應時需要氧，該區域血氧濃度高)。另外，歷年來神經科學、生理學、化學、心理學及生物學累積了大量的生理知識。科學家對於大腦功能已有初步的認識。萬事俱備下，人類首次有能

力讓光線照亮大腦這個黑盒子。

90年代以來神經生物學 (neurobiological) 的研究發現，一種叫作多巴胺 (dopamine) 的神經傳導物質，扮演決策相關的重要角色。多巴胺分泌不足將會造成肢體活動的障礙，眾所皆知的帕金森氏症 (Parkinson's disease) 即是腦部無法製造或接受這種神經傳導物質所致。90年代末期，經濟學家也開始重視多巴胺的機制，在那段時期有大量的動物實驗在研究學習的腦神經機制。最近，美國紐約大學及布朗大學的卡普林 (Caplin) 與迪恩 (Dean) 在 2008 年根據一些動物實驗的結果，提出「多巴胺報償預測誤差」(dopaminergic reward prediction error, DRPE) 假說。這個假說認為多巴胺的釋放與某一事件帶來的「預測的報償」以及「經驗到的報償」間的差距有關。

早期神經科學家做了一系列的動物實驗，認為多巴胺在行為上藉由調節「報償」扮演一個重要的關鍵角色。也就是說當我們做了大腦喜愛的事情 (大部分為有利生存或繁衍的事)，大腦會給我們「報償」，鼓勵我們可以再做。從演化的角度，正確報償的大腦存活下來。從本質上而言，經濟學家的想法是希望將多巴胺的釋放量轉換成一個標準化的「報償」。因為有助於生存，動物 (包含人類) 皆會以極大化此報償來指導選擇行為 (Olds and Milner, 1954；Kiyatkin and Gratton, 1994；Gardner and David, 1999)。

當然，「多巴胺作為報償」的簡單假說受到許多的質疑。其中影響最大的是，一連串的動物實驗突顯了「信念」可能才是調節多

巴胺活動的重要角色。換言之，多巴胺對一個特定的報償是否有反應取決於該報償是否被「預期」。這個結果可以在舒爾茨 (Schultz)、麥倫沃茲 (Mirenowicz)、以及蒙塔古 (Montague) 等人研究中被證實 (Schultz et al., 1993; Mirenowicz and Schultz, 1994; Montague, Dayan and Sejnowski, 1996)。測量多巴胺神經元活動的實驗簡述如下，實驗者目標是觀察一隻口渴的猴子在某個音調 (tone) 出現後隨即從吸管中供應果汁給牠喝。起初，猴子不明白音調與果汁出現有關，多巴胺神經元僅對果汁有反應 (純生理動機反應)，對音調則沒有反應。然而，一旦猴子學到了音調預測果汁的到來，多巴胺對該音調就有反應 (預期反應)，但在果汁出現時反而沒有多巴胺反應 (無生理反應)。此外，一旦學習成熟，如果音調出現，而猴子卻沒有喝到果汁，多巴胺活動將停止或下降到沒有干擾時的水準。換言之，多次預測失敗後，多巴胺的預期反應也會消失或減少至不明顯的數量。

上述研究大大地激勵經濟學家的想像，認為多巴胺與經驗學習，以及預期有相當大的關聯。然而，多巴胺在經濟學相關的研究仍有許多假說，其中一些具有代表性的有：1998年貝里奇 (Berridge) 與羅賓遜 (Robinson) 提出刺激或誘因顯著度 (incentive salience) 假說，以一個事物來說，就是有多想要 (want) 與多喜愛 (like) 的區別，換言之，喜愛不一定會想要，想要的動機會比較強烈也比較原始。辛克 (Zink) 等人在 2003 年指出，多巴胺會對一個特定事件或對令人驚訝或有明顯感覺 (salience) 的報償經驗有反

應。也有學者認為多巴胺與報償過程無關，它只是引起注意，這方面的學說以雷德格雷夫 (Redgrave) 與格尼 (Gurney) 在2006年的研究作為代表。

卡普林與迪恩根據動物實驗的證據並以薩繆爾森的顯示性偏好為基礎，提出獎賞預測誤差假說 (DRPE Hypothesis)。其涉及兩個可能內在變數，也就是「報償」和「信念」。當然報償可以用具體的事物來衡量，例如，金錢之於人類或果汁之於猴子。信念通常就可以用「報償預測誤差」來推論。例如，當口渴時，突然有果汁出現時，多巴胺將有所反應，表示並未預期到 (信念還不存在) 果汁的出現；因此，出現預測誤差。相對的，如果學習到音調可以預測果汁，則當產生預期果汁的來臨時 (信念已經存在，且正確反應報償) ，緊接著果汁真的出現，則不再有額外的多巴胺反應，表示沒有誤差。

1.3 制約理論

與預期行為相關的研究，最早始於心理學的實驗，其中最具代表性的就是制約理論。當論及「制約」的相關理論基礎，我們就必須從「行為學習理論」也就是所謂的「刺激－反應」理論談起，簡言之，當個體對於一個已知的刺激所採取的行動 (或者反應) 是可以被預測的，則表示此個體已經學習到「因應」該刺激，換言之，該個體被制約了，也可說是該個體已經習慣這麼做了。當然，上述的說法當時並無法和「多巴胺」這神經傳導物質連結在一起，

接下來介紹俄國生理學家伊凡・巴甫洛夫在 (Ivan Pavlov) 1927年著名的狗唾液分泌實驗，多巴胺的角色就會再度浮現。

狗原本只有在嗅到食物時才會分泌唾液，這是自然生理回饋，也就是非制約刺激 (unconditioned stimulus, US) 所引發的非制約反應 (unconditioned response, UR)，這無需學習。若在掬出食物的同時搖鈴，鈴聲是我們額外強加諸於的制約刺激 (conditioned stimulus, CS)，因為狗並不會因為聽到鈴聲就分泌唾液，但若這兩種刺激 (食物與鈴聲) 一向成對出現，久而久之，狗一聽到鈴聲 (只有鈴聲沒有食物) 也會開始分泌唾液，於是產生了制約反應 (conditioned response, CR)，從行為學習理論的角度，這就表示「學會了」。

上述實驗即是所謂的「古典制約」(classical condition-ing)。原先不能引發特定生理或情緒反應的中性刺激，與特定生理或情緒反應建立聯結的學習歷程。我們進一步分析古典制約的成分：

非制約刺激 (US)：

原本可引發自動、不需學習之生理或情緒反應的刺激。例如：食物。當感官接收到了刺激，並將這刺激傳達到大腦進行判讀。

非制約反應 (UR)：

由非制約刺激所引發的自動、不需學習的生理或情緒反應，例如因為食物所引起的唾液分泌。這表示腦完成判讀，多巴胺開始作用，產生了對效用的預期，並命令身體相關的系統開始準備：分泌唾液、胃蠕動加速。

制約刺激 (CS)：

原本中性，但是與非制約刺激成對出現，後來可以引發反應的刺激，例如：鈴聲。此時感官同時接收到了兩種成對的刺激，也將這第二種刺激平行且同步的傳達到腦進行判讀。

制約反應 (CR)：

由制約刺激所引發的生理或情緒反應。例如：鈴聲引起的唾液分泌。表示大腦已將這兩種原本可輕易「區辨」的刺激 (食物與鈴聲)「類化」在一起了，多巴胺也起了作用，產生預期效用，接著命令身體相關的系統開始準備。換句話說就是你的大腦在不知不覺中被騙了！世界各地不同的美食文化，造就了不同地區的不同口味偏好，這些偏好是人們在滿足或解決飲食慾望中不知不覺形成的。

對於古典制約後續相關的研究，學者們最感興趣的是制約刺激和非制約刺激出現的時序 (timing) 上的關係及其制約的效果。大致上可細分為以下六種：

1. 標準配對 (standard conditioning)：制約刺激先出現，非制約刺激緊接著出現。

2. 延宕制約 (delayed conditioning)：制約刺激先出現，非制約刺激相隔一段時間後才出現。

3. 痕跡制約 (trace conditioning)：制約刺激先出現，等到制約刺激消失之後，非制約刺激才出現。

4. 時間制約 (temporal conditioning)：制約刺激就是非制約刺激出

現的時間間隔。

5. 同時制約 (simultaneous conditioning)：制約刺激和非制約刺激同時出現。

6. 後向制約 (backward conditioning)：非制約刺激先出現，制約刺激後出現。

　　讀者們現在應該隱約可以想像這六種時序上的差異其所產生效果上的強弱，而判準的原則不外乎以下兩項標準：

1. 時間接續性 (temporal contiguity)：制約刺激與非制約刺激在時間上的接近性，很明顯的，當然是越接近越有效果。

2. 依存性 (contingency)：非制約刺激出現和制約刺激出現的依存關係，無庸置疑的，必定是依存度越高制約效果愈好，這還可以讓制約刺激能夠預測非制約刺激的出現。

　　另一個著名的制約理論是由哈佛心理學家史金納 (Skinner) 所提出的，以透過「獎、懲」的這個「工具」來達成 (亦或「操作」) 學習的效果，稱之為操作性制約 (operant conditioning) 或工具性制約 (instrumental conditioning)：某一刺激可以藉由增強 (也就是所謂的「獎」) 而增加特定行為反應出現的可能性，或，藉由缺乏增強或處罰 (也就是所謂的「懲」) 而減少特定行為反應出現的可能性，毫無疑問的只要扯上了「效用」就必然和多巴胺有關！

　　操作制約的立論基礎是：學習過程是經由嘗試和錯誤 (trial and error)，只論行為結果，而該次行為的結果 (「獎」亦或「懲」及其所產生的效用) 才會構成再次行為的動機 (預期「獲得獎」、

預期「避免懲」)。所以，操作制約的學習原則是所謂的「效果法則」(law of effect)，也就是得到「獎」(滿足；正向的效用) 的行為被強化，因此較可能再度發生；而獲得「懲」(厭惡；負向的效用) 的行為被減弱，未來較不可能發生。因此在操作制約中，其行為反應所得到的效果 (效用) 決定了未來發生相同行為反應的可能性。

因此，依據上述「效果法則」，操作制約可再細分為三種學習路徑：

1. 正面增強 (positive reinforcement)：行為反應想要獲得的結果真的獲得了，也就是預期的效用獲得滿足，行為被強化。

2. 負面增強 (negative reinforcement)：行為反應想要避免的結果真的避免了，同上，這也是預期的效用獲得滿足，行為被強化。

3. 懲罰 (punishment)：行為反應卻得到與預期相反的結果，行為被減弱，因為沒有得到正向效用，或，甚至是得到的是負向的效用。

想透過操作制約來完成行為塑造，將會面臨「邊際效用遞減」的難題，當相同程度的「獎」或「懲」不足以產生相同程度的滿足或厭惡時，想要維持同樣的行為反應，增加「獎」或「懲」的程度是唯一的途徑，這也是為何效用 (多巴胺) 會造成「成癮性」的原因。當然，古典制約也難逃相同「邊際效用遞減」的難題，很直覺的，因為只靠鈴聲是無法餵飽你的狗！

1.4 學習行為

卡普林和迪恩的假設也符合神經科學家如舒爾茨等人認為多巴胺是驅動行為的重要觀察標的。對於經濟學家而言，人們的預期行為早已經不是新鮮事，而這個假說正好提供了洞察信念形成的方式，以及進一步發展選擇和學習模型。根據上述概念發展的學習行為模型相當豐富。

1.4.1 強化式學習 (reinforcement learning)

1950年代數學心理學家羅伯特・布希 (Robert Bush) 與弗雷德里克・莫斯特勒 (Frederick Mosteller) 開始從學習曲線 (learning curve) 出發，研究有哪些模型可以捕捉這種現象，並且盡可能做到最少限制以及符合一般性原則的模型。在他們 1959 年出版的專書中，就開始利用實驗資料針對不同模型配適程度進行比較及討論。在當時，他們認為資料本身反應出每個行為的結果，用來配適模型本質上還是相當粗糙的，僅能捕捉生物確實存在某種學習過程。

以此概念出發的學習模型相當多，例如：時間差異學習 (time difference learning, TD learning)、Q-學習 (Q-learning)、馬可夫決策過程 (Markov decision process)、以及動態規劃 (dynamic programming)。他們想解決的問題都相當類似，有興趣的讀者可以再自行深入瞭解。

1.5 效用的計算

經濟學從偏好的公理，如：完整性、遞移性、多多益善性以及凸性 (一般而言偏好平均消費多樣的商品組合，優於極端消費某一等定商品的性質)，可以幫助我們刻畫出效用函數。然而，效用是否人人相同？可被刻度化為一具體數值？該數值又在哪裡被計算？經濟學家則無從得知。

經由動物實驗，特別是人類之外的靈長類，如：猴子。我們開始具體瞭解效用的存在。在帕多阿-斯基奧帕 (Padoa-Schioppa) 與阿薩德 (Assad) 在 2006 與 2008 年的實驗，他們將猴子固定在螢幕前，並以眼動儀 (eye-tracker) 追蹤牠目光注視的位置。圖 1.1 (a) 從左到右，一開始為一個注視點，吸引受試猴子的注意，1.5秒之後進入畫面 2，顯示在左右兩方的方塊表示提供不同果汁 (A與B) 的數量，停留約 1-2 秒，然後在兩方各出現一個注視點，如果猴子注視其中一個點達 0.75 秒，則會提供該數量的果汁。圖 1.1 (b) 則顯示不同成對出現的 B 與 A 果汁下，該猴子選 B 的相對次數，我們可以看到大約在 4 單位的 B 與 1 單位的 A 達到 50% 的相對次數。因此，用函數找出 1A = 4.1B 是最近似的結果，也就是猴子對 1 單位的 A 與 4.1 單位的 B 感覺不出哪個選項特別喜愛，或者是說兩者無差異。

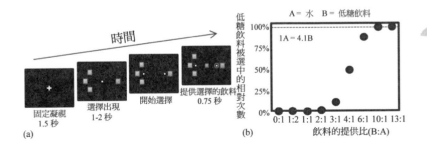

圖1.1：帕多阿-斯基奧帕的猴子實驗

資料來源：Padoa-Schioppa and Assad (2006)

1.5.1 神經元認知的選擇模型

正如前述，神經元對相關「價值」的反應主要位於腦部眼框額葉皮質 (orbitofrontal cortex, OFC)，後扣帶迴皮質 (posterior cingulate cortex, PCC)，頂側內葉區皮質 (lateral intraparietal cortex, LIP)[1]。此外，其他的研究表明，該「值」也可能會被編碼在許多其他腦區的神經元，包括背外側前額葉皮層 (dorsolateral prefrontal cortex) (Lee and Wang, 2008)，前運動皮層 (premotor cortex)，基底神經節 (basal ganglia)，杏仁核 (amygdale)，丘腦中央核 (centromedian nucleus of the thalamus)。為什麼有這麼多腦區與「價值」表示有關。在這裡，在帕多阿-斯基奧帕與阿薩德認為「值」的信號透過不同的神經元群來代表不同的心理過程。在感覺區，「值」發出的信號可能有助於感官注意 (不同感官刺激選擇

1相關大腦位置，請見本書第2章。

的過程）；在前額區，「值」發出的信號可能會導致經濟的選擇行為（不同商品的選擇）；在運動區，「值」發出的信號可能有助於動作的選擇（選擇不同的動作）。為了深入討論，我們利用普拉特 (Platt) 與帕多阿-斯基奧帕2009年以猴子的神經元記錄所作的細緻研究來說明。

1.5.2 價值的在感官、商品和運動等區域的協調

基本上，觀察到「值」之後，可以發現在不同的大腦區域的表現是不同的。「值」在OFC神經元反應出商品本身的價值，這與商品如何呈現給猴子，以及猴子的選擇行動無關。相對的，「值」在LIP神經元代表視覺刺激後調整注視空間位置的編碼或表達選擇眼球運動必要的回應。重要的區別是「值」表現在OFC中具有恆定性，而在LIP的表現是看要情形的，因為這個部分與「注意力」有關。

在感官區域，「值」可能在調節「注意力」的分配。以下有數個關於注意力和「值」在LIP神經元活動的研究。首先，班迪克斯比 (Bendiksby) 與普拉特 (Platt) 證明「注意力」和「值」獨立地貢獻於LIP神經元活動，當這兩個因素與行為分離時。在他們的研究中，動物在評估價值與注意力的調節會共同決定行為，特別是與注意力有關，但與行動是獨立的 (Bendiksby and Platt, 2006)。其次，LIP 接受的為各項刺激「值」的加權和 (Dorris and Glimcher, 2004)。換言之，這是一個根據注意力蒐集來的總調整值，總注意

力資源為一個常數，且不隨時間而改變。簡單來說，注意力是稀少資源，可以透過競爭的方式分配給不同的感官刺激或空間位置，例如，眼睛要注視哪裡 (Bundesen, 1990; Desimone and Duncan, 1995)。綜合上述，在感覺區的信號值很可能是依據知覺注意力。

在運動區，「值」發出的信號可能有助於行動的選擇。從計算的角度來看，即使是簡單的隨意運動行為 (如移動手臂) 的規劃和控制都是非常具有挑戰的任務。它需要解決許多無窮多組解的問題 (Mussa-Ivaldi and Bizzi, 2000; Wolpert and Ghahramani, 2000)。一個合理的假設是，神經系統可能將問題分成小部分來解決，透過在不同互相影響的運動機制。例如，在格利姆徹 (Glimcher) 等人所設計的模型中，一個「值」會由不同的潛在運動計畫來產生，而一個運動行為則會經由計算過程並決定其最適行動 (Glimcher et al., 2005)。動物行為研究支持這個觀點 (Trommershäuser et al, 2008)。值的調整最後一定須落實在運動區 (Stuphorn et al., 2000; Ikeda and Hikosaka, 2003; Roesch and Olson, 2003) 從而有助於行動的選擇。

最後，在編碼商品本身的「值」的區域，如OFC發出的信號可以作為經濟行為選擇的依據。考慮一個人坐在一間餐廳且在「鮮魚丼」和「牛排」之間作選擇。人會推測鮮魚丼的「值」和牛排的「值」，然後從中比較兩個「值」並作出決定。從上述的動物實驗，OFC神經元編碼似乎捕捉到了這個估計選擇值的過程，因為不同的神經元編碼提供了不同的商品價值。而實際的決

定則可能再透過贏者全拿 (winner-takes-all) 的機制來決定最終行動選擇。

　　我們可以將上述的實驗發現區分為以「商品為基礎」和以「行動為基礎」的模型。以行動為基礎的模型在傳統上一直是比較引人重視的。有兩個支持的理由。首先，因為它表現在可觀察的行為且可成為強化學習的理論基礎，以行動為基礎的模型經常可以表達成更一般化的心理行為模型。原則上，模型愈簡潔愈好。同時，它指出「學習」和「選擇」在概念上是不同的，這可幫助我們理解心理的過程。例如，可以在缺乏「學習動機」之下作選擇，如帕多阿-斯基奧帕與阿薩德的實驗中，猴子的主動選擇，亦可以在缺乏選擇的情況下學習，如在古典和工具制約的被動式學習中無條件的給予食物。因此，特定的學習模型並不代表特定的經濟選擇。另一個支持行動基礎的原因是，在神經元的層次，「值」信號會先在腦部區域參與「感覺」、「運動」過程中被觀察到。然而，這並非忽視以商品為基礎的模型。因為在「感覺-運動」區的信號值可以依據行動的選擇，但對於經濟選擇的貢獻仍然是被動的，因為真正發號司令的畢竟不是運動皮質。

　　對於以商品為基礎的模型，帕多阿-斯基奧帕與阿薩德支持此模型的論點。首先，以商品為基礎的模式似乎在原則上應該更貼近真實的價值。藉由模組化理論的發展 (Simon, 1962; Pinker, 1997)，規劃和控制動作涉及的高難度計算，在模組化的架構下，神經系統可以將複雜的操作如「選擇和移動」分解為兩個獨立且

簡化的操作，「選擇」和「移動」。

　　如果經濟選擇涉及任何運動的控制行為 (以行動為基礎的模型) 與額外的計算能力，模組化的運動系統設計將更節省資源。重點是，「選擇」並非總能找到最適解。或許靈長類動物已演化到能作出以行動為基礎的經濟選擇，即使這個過程的效果可能不如以商品為基礎所作的選擇。在這個意義上，上述提及的OFC結果可以被看作是最有力的證明。因為實際上，OFC神經元反應商品的真實值，對於商品為基礎的經濟選擇，顯示其有效及必要性。但這種論點的弱點是當OFC提供了一個抽象的價值表示，沒有證據表明整個選擇過程 (包括值的比較) 充分地發生在商品抽象的表示上，也就是說OFC反應的值，無法百分之百的預測選擇的結果。因此，以商品為基礎的原則仍有待檢驗。

1.6 小結

　　資源有限而欲望無窮，如何將有限的資源充分有效的運用？一直以來都是經濟學的重要課題！而這個原則在大腦內部更是表現的淋漓盡致，大腦的神經元就是有限的資源，但卻要處理外界瞬息萬變的資訊。從視覺、嗅覺、味覺等感官傳入大腦的接受皮質，大腦在有限的資源下，要選擇注意哪些線索，再傳遞到運動皮質，蒐集資訊，然後同時要根據過去的經驗產生預期行為，並且快速的作出判斷。待正式經歷生存獎賞或不利生存的處罰，便會逐漸形成記憶或學習效果，以便在下次的判斷可以做得更好。

因此，經濟學中所謂的「理性決策」，應屬於高度正確學習之後的結果。

而當表現在個體行為上，經濟學談的效用已經由神經科學家證實效用「值」確實存在，而且其在大腦中產生的值 (以電位來表示) 亦符合經濟學的公理原則。但離真正做出決策的行動仍有其非線性的性質，主要是受到學習、經驗、以及決策時的背景環境影響。決策並不一定都會選擇讓自己效用最大的行動。因此追求效用極大的「理性決策假設」仍有其侷限。至於「評價」與「選擇」的運算處理過程？我們雖然從神經科學家、心理學家及生物學家的實驗觀察得到其運作過程，但也留下了諸多待釐清的問題。

而相較於其他學門如強調實證與應用的心理學、社會學、行銷學等領域的發展，諸多證據顯示「理性決策」的假設已被嚴重挑戰，近年來，取而代之的是所謂的「有限理性」(bounded rationality)，而這鬆綁後的假設加上一日千里的腦神經科學，追求效用極大的結論，因為評價、選擇、偏好等決策流程的不同腦區運作與神經物質傳導、接收的解密，因而更加瞭解人類的行為。當然，這一切都要歸功於有一個「真實存在」且「可被觀察到」的神經物質—多巴胺，詮釋了且刻度化抽象的「效用」。

延伸閱讀

Bendiksby, M. S., & Platt, M. L.(2006). Neural correlates of reward and attention in macaque area LIP. *Neuropsychologia*, 44(12), 2411-2420.

Berridge, K. C., & Robinson, T. E.(1998). What is the role of dopamine in reward ︰ hedonic impact, reward learning, or incentive salience?. *Brain Research Reviews*, 28(3), 309-369.

Bundesen, C.(1990). A theory of visual attention. *Psychological Review*, 97(4), 523.

Bush, R. R., & Mosteller, F.(1955). *Stochastic Models for Learning*.

Camerer, C., & Hua Ho, T.(1999). Experience - weighted Attraction Learning in Normal Form Games. *Econometrica*, 67(4), 827-874.

Caplin, A., & Dean, M.(2008). Dopamine, reward prediction error, and economics. *The Quarterly Journal of Economics,* 123(2), 663-701.

Caplin, A., & Dean, M.(2008). Information search and the choice process. mimeo.

Desimone, R., & Duncan, J.(1995). Neural mechanisms of selective visual attention. *Annual Review of Neuroscience*, 18(1), 193-222.

Dorris, M. C., & Glimcher, P. W.(2004). Activity in posterior parietal cortex is correlated with the relative subjective desirability of action. *Neuron*, 44(2), 365-378.

Doya, K.(2008). Modulators of decision making. *Nature Neuroscience*, 11(4), 410-416.

Erev, I., & Roth, A. E.(1998). Predicting how people play games：Reinforcement learning in experimental games with unique, mixed strategy equilibria. *American Economic Review*, 848-881.

Erev, I., Bereby-Meyer, Y., & Roth, A. E.(1999). The effect of adding a constant to all payoffs：experimental investigation, and implications for reinforcement learning models. *Journal of Economic Behavior & Organization*, 39(1), 111-128.

Gardner, E. & David, J.(1999). The neurobiology of chemical addiction. In： J. Elster & O.-J. Skog(Eds), *Getting Hooked：Rationality and Addiction*, Cambridge University Press, 93-136.

Glimcher, P.W. M.C. Dorris & H.M. Bayer(2005). Physiological utility theory and the neuroeconomics of choice, *Games and Economic Behavior*, 52, 213-256.

Ikeda, T., & Hikosaka, O.(2003). Reward-dependent gain and bias of visual responses in primate superior colliculus. *Neuron*, 39(4), 693-700.

Kawagoe, R., Takikawa, Y., & Hikosaka, O.(1998). Expectation of reward modulates cognitive signals in the basal ganglia. *Nature Neuroscience*, 1(5), 411-416.

Kiyatkin, E. A., & Gratton, A.(1994). Electrochemical monitoring of extracellular dopamine in nucleus accumbens of rats lever-pressing for food. *Brain Research*, 652(2), 225-234.

Lee, D., & Wang, X. J.(2009). Mechanisms for stochastic decision making in the primate frontal cortex：Single-neuron recording and circuit modeling. *Neuroeconomics : Decision Making and the Brain*, 1st edn. Academic Press, San Diego.

Minamimoto, T., Hori, Y., & Kimura, M.(2005). Complementary process to response bias in the centromedian nucleus of the thalamus. *Science*, 308(5729), 1798-1801.

Mirenowicz, J., & Schultz, W.(1994). Importance of unpredictability for reward responses in primate dopamine neurons. *Journal of Neurophysiology*, 72(2), 1024-1027.

Montague, P. R., Dayan, P., & Sejnowski, T. J.(1996). A framework for mesencephalic dopamine systems based on predictive Hebbian learning. *The Journal of Neuroscience*, 16(5), 1936-1947.

Mussa–Ivaldi, F. A., & Bizzi, E.(2000). Motor learning through the combination of primitives. *Philosophical Transactions of the Royal Society of London. Series B : Biological Sciences*, 355(1404), 1755-1769.

Olds, J., & Milner, P.(1954). Positive reinforcement produced by electrical stimulation of septal area and other regions of rat brain. *Journal of Comparative and Physiological Psychology*, 47(6), 419.

Padoa-Schioppa, C., & Assad, J. A.(2006). Neurons in the orbitofrontal cortex encode economic value. *Nature*, 441(7090), 223-226.

Padoa-Schioppa, C., & Assad, J. A.(2007). The representation of economic value in the orbitofrontal cortex is invariant for changes of menu. *Nature Neuroscience*, 11(1), 95-102.

Paton, J. J., Belova, M. A., Morrison, S. E., & Salzman, C. D.(2006). The primate amygdala represents the positive and negative value of visual stimuli during learning. *Nature*, 439(7078), 865-870.

Pavlov, I. P.(1927). *Conditioned Reflexes*. Dover Publications. com.

Pinker, S.(1997). *How the Mind Works*. 1997. NY：Norton.

Platt, M., & Padoa-Schioppa, C.(2009). Neuronal representations of value. *Neuroeconomics：Decision Making and the Brain*, 441-462.

Redgrave, P., & Gurney, K.(2006). The short-latency dopamine signal：a role in discovering novel actions?. *Nature Reviews Neuroscience*, 7(12), 967-975.

Roesch, M. R., & Olson, C. R.(2003). Impact of expected reward on neuronal activity in prefrontal cortex, frontal and supplementary eye fields and premotor cortex. *Journal of Neurophysiology*, 90(3), 1766-1789.

Samuelson, P. A.(1993). Altruism as a problem involving group versus individual selection in economics and biology. The American Economic Review, 83(2), 143-148. *American Economics Review* 83(2), 143 – 148.

Schultz, W., Apicella, P., & Ljungberg, T.(1993). Responses of monkey dopamine neurons to reward and conditioned stimuli during successive steps of learning a delayed response task. *The Journal of Neuroscience*, 13(3), 900-913.

Simon, H. A.(1962). The architecture of complexity. *Proceedings of the*

American Philosophical Society, 106(6), 467-482.

Stuphorn, V., Taylor, T. L., & Schall, J. D.(2000). Performance monitoring by the supplementary eye field. *Nature*, 408(6814), 857-860.

Trommershäuser, J., Maloney, L. T., & Landy, M. S.(2008). The expected utility of movement. *Neuroeconomics：Decision Making and the Brain*, PW Glimcher, CF Camerer, E. Fehr, and RA Poldrack, eds. (Elsevier, 2009), 95-111.

Wolpert, D. M., & Ghahramani, Z.(2000). Computational principles of movement neuroscience. *Nature Neuroscience*, 3, 1212-1217.

Zink, C. F., Pagnoni, G., Martin, M. E., Dhamala, M., & Berns, G. S.(2003). Human striatal response to salient nonrewarding stimuli. *The Journal of Neuroscience*, 23(22), 8092-8097.

第2章 雙系統

2.1 腦的概觀

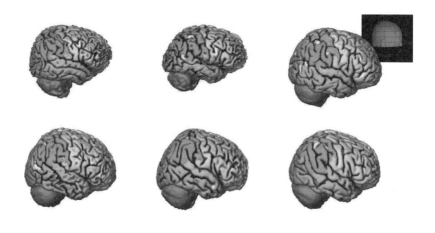

圖2.1 大腦

資料來源: Website: ©2012 Allen Institute for Brain Science. Allen Human
Brain Atlas [Internet]. Available from: http://human.brain-map.org/.

　　大腦長什麼樣子？圖2.1展示了6個不同的人的右邊側視的大腦，雖然看起來相似，仔細看就會發現有許多差異性。就好像我們把手掌攤開來，每一個人的手大同小異，但沒有任何兩個人的掌紋和指紋完全一樣，甚至自己的左右手也不是完全對稱。大腦的外觀

亦類似，圖2.1我們看到不同顏色的區塊是按照不同司職區域所繪的。一般人的大腦都有類似的司職區域，但大小有些微差異，就好像我們的雙手，有人無名指比食指長，有人則相反。同樣是手指，也有不同的靈活度和技巧，面對個體不同的專長，也就是大腦現在的樣貌，是先天條件加上長時間的習性累積而來的。換言之，大腦不同區域的大小與皺摺程度是我們用生命刻畫出來的，包括先天的基因影響和後天的所見所聞長期累積的結果。

圖2.2我們展示了各種不同視角的大腦外觀，可以看到主要幾個腦葉 (lobe)，想像高麗菜葉的樣子，就會覺得很貼切。根據位置可以再分成額葉 (Frontal Lobe)，也就是對應額頭的位置，對應頭頂的位置則為頂葉 (Parietal Lobe)，對應睡覺時靠在枕頭上的位置就是枕葉 (Occipital Lobe)，太陽穴到耳朵附近的就是顳葉 (Temporal Lobe)，最後枕葉下面還有一個小腦 (Cerebellum)。為了方面指出更明確的位置，基本的劃分：每一個腦葉的形容詞有左 (left)、右 (right)、上 (superior)、中 (meidal)、下 (inferior)、前 (anterior)、後 (posterior)、側 (lateral)、腹側 (ventral)、背側 (dorsal)、極或端 (pole)。另外，額葉下方有所謂的眼框的 (orbital)，這些形容詞可以讓讀者在閱讀文獻與研究成果時，比較容易想像確切的位置。

這些腦葉關聯到我們的感覺、思想以及運動。額葉主要是思考、語言形成、計算、模擬或推敲的區域。頂葉則反應身體的感覺以及支配運動神經。枕葉則與視覺相關，所有從眼睛進入的光

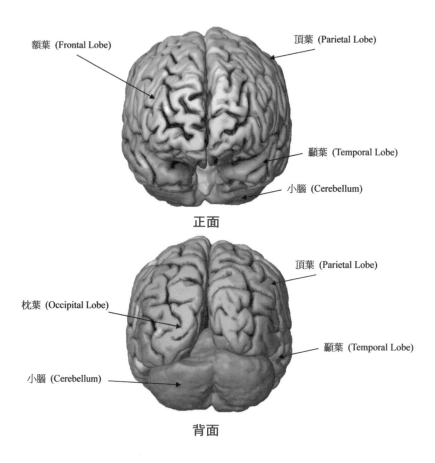

額葉 (Frontal Lobe)　　頂葉 (Parietal Lobe)

顳葉 (Temporal Lobe)

小腦 (Cerebellum)

正面

頂葉 (Parietal Lobe)

枕葉 (Occipital Lobe)

顳葉 (Temporal Lobe)

小腦 (Cerebellum)

背面

圖2.2 各視角的大腦外觀

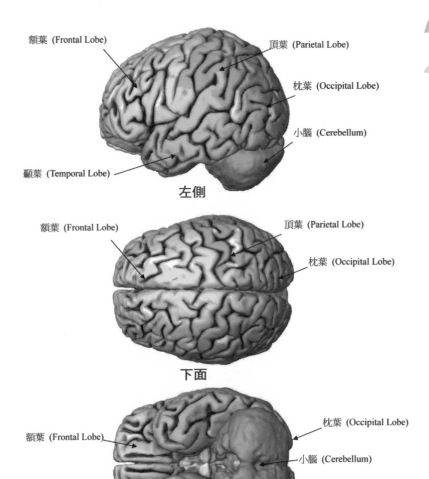

額葉 (Frontal Lobe)　　頂葉 (Parietal Lobe)

枕葉 (Occipital Lobe)

小腦 (Cerebellum)

顳葉 (Temporal Lobe)

左側

額葉 (Frontal Lobe)　　頂葉 (Parietal Lobe)

枕葉 (Occipital Lobe)

下面

枕葉 (Occipital Lobe)

額葉 (Frontal Lobe)

小腦 (Cerebellum)

顳葉 (Temporal Lobe)

正面

圖2.2 各視角的大腦外觀

資料來源: Website: ©2012 Allen Institute for Brain Science. Allen Human
　　　　　Brain Atlas [Internet]. Available from: http://human.brain-map.org/.

影都會在此先處理。顳葉則與聽覺、語言有關。小腦亦與運動神經有關和頂葉的運動皮質配合協調。人類與其他生物最大的不同就是在於額葉的大小，人類已經進化出相當大的額葉，這個進展讓人類脫離的野生動物般的生活，有更多的創造空間與體驗。圖2.3是老鼠的大腦，我們可以看到其前腦只有一點點，其他的區域皆與運動、視覺、感覺，特別是嗅覺，也就是前腦下方那一大塊。所以老鼠大部分的時候靠著感覺在生活，餓了找東西吃、累了找地方睡。人類則不一定，可能不餓時會嘴饞、晚上為了工作、考試，甚至是娛樂可以犧牲睡眠。

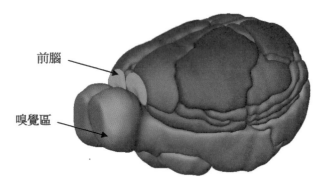

前腦

嗅覺區

圖2.3鼠的大腦

資料來源: Website: ©2012 Allen Institute for Brain Science. Allen Mouse Brain Atlas [Internet]. Available from: http://human.brain-map.org/.

在分析大腦的區域反應的資料時，由於每個人的細微差異，會讓不同的人的影像資料難以重合分析或比對。以尚‧塔萊拉什 (Jean Talairach) 領導的法國神經科學家們，在1950年代闡明：透

過大腦的中央溝 (central sulcus)，又稱中央裂，是大腦明顯的腦溝之一，中央溝分隔大腦其前部為額葉，後部則為頂葉。透過中央溝可以重新畫分出 Talairach 坐標，其他區域的相對位置就可以依此相對比較和分析。然而，對於腦造影技術所產生的切面圖仍有誤差，因此，美國加州大學戴維斯分校 (UC Davis) 的康 (Kang) 等人利用聽覺皮層平面表達法 (flat maps of human auditory cortex)，可以更精確的定位 (Kang et al. 2003)。

2.2 神經科學實驗

2.2.1 簡介

功能性磁振造影 (functional magnetic resonance imaging, fMRI) 並非直接測量神經活動。而是，大腦微血管血流含氧量，羅伊 (Roy) 與謝林頓 (Sherrington) 1890年發現神經元的活動會消耗血液中的氧氣，導致周圍的毛細血管床擴張且 (當然會有些微的時間延遲) 在神經活動的區域血液含氧量增加。事實證明，此血液動力反應可以被檢測出並可追蹤大腦的時間和空間狀態。fMRI技術還在持續迅速進步，從最早期的研究報告資料，時間解析度只有1或2秒，每個三度空間的狀態解析度「立體像素」為每一維度在2或3毫米之間，而這當中已經包含了數以百萬計的神經元。未來將會有更高的時間和空間解析度，以及神經束的追蹤技術，更精準的觀察大腦的活動。

2.2.2 腦神經相關研究工具

功能性磁振造影 (fMRI) 提供一種非侵入式的方法來觀察腦部的動態。fMRI 並非直接觀察神經活動，而是間接透過神經活動所需的能量－「血液流量」來觀察。因為腦神經細胞儲存能量的能力很低，因此，透過腦部血液中所攜帶的氧－亦稱為血氧濃度相依比 (blood oxygenated level dependent, BOLD) 來測量亦能表示神經活動的指標。這個技術可以提供相當高的時間和空間解析度，缺點就是需要限制受試者的行動，另外若受試者患有幽閉恐懼症 (claustrophobic) 或過度肥胖者可能就無法順利觀察。

正子斷層造影 (positron emission topography, PET)，PET 和 fMRI 類似，但其所提供的時間和空間解析度皆較 fMRI 來得低，而且受試者需要注射一種放射性同位素，一段時間後才能由 PET 進行追蹤。PET 有一個主要的優點，不同的放射線可以追蹤到不同的蛋白質與代謝物。例如，做為腦內酬償機制的「多巴胺」(dopamine) 即可透過 PET 掃描來追蹤，在這方面可得到比 fMRI 更精確的結果。

腦電波/事件關聯電位 (electroencephalography of event-related potentials, EEG of ERP)。EEG 是測量神經激發所造成的腦表面電位差。依據需求通常會有 32 或 64 個電極 (electrode) 安置在頭顱表面，這些電極負責收集其附近神經元受到刺激 (或事件) 後的反應。不同於 fMRI 與 PET, EEG 直接測量神經的電極反應，而且可以收到極佳的時間解析度，可以精確至毫秒的活動。其他的優點

是 EEG的受試者行動限制較小，成本低廉且器材方便攜帶。對於需要大樣本的實驗較有利。當然，其缺點在於空間的解析度低，而且無法涵蓋腦內的結構，可以與 fMRI 一起使用，作為互補的工具 (de Haan and Thomas, 2002)。

　　眼動儀 (eye tracker) 技術，人類通常不會隨機挑選目標凝視，大部分注目的焦點都是經過大腦計算而決定。然而，因為計算的速度太快，導致我們自己都無法查覺，所以必須透過機器才能幫助我們瞭解。例如，在面對一件商品時，想知道面對決策時，透過視覺輸入大腦所感興趣的重點就需要仰賴眼動儀。眼動儀可以幫助我們捕捉視覺焦點的軌跡，這項技術已大量使用在分析視覺系統、語言認知、及商品設計上 (Duchowski, 2002)。

　　穿顱磁刺激 (transcranial magnetic stimulation, TMS) 利用電磁特性，以一種安全無痛的方式，以電磁穿過頭顱對腦部特定區域發出強力但短暫的磁性脈衝，在腦的神經迴路上引發微量的電流。電磁場的強度可高達 1.5 特斯拉 (tesla) 的磁脈衝，為地球磁場的三萬倍，每個脈衝只持續不到幾毫秒 (一毫秒為千分之一秒)，且磁場強度會隨著距離增加而快速下降，因此只能穿越 2-3 公分的大腦外層皮質。當準確定位的磁場抵達時，小幅的磁場會干擾附近神經元的電子活動，達到刺激或干擾某特定目標區域。

　　綜合這些技術，神經經濟學實驗提供關於人們作決策的生理學基礎。神經經濟學實驗的類型有很多種，包括 (1) 透過健康的受試者提供純粹「行為上」的證據，例如，情緒作用在決策上的

影響；(2) 透過腦傷病患或利用穿顱磁刺激 (TMS) 技術提供特定腦區「病變」或「暫時停止活動」後的行為結果；(3) 研究藥物刺激對經濟決策的影響；(4) 透過受試者決策時，測量顱骨表面的腦電流活動，如，腦電波圖 (EEG) 或腦磁波圖 (MEG)；及 (5) 利用即時腦造影，功能磁振造影 (fMRI) 研究經濟決策時的腦區活動。有興趣的讀者可以參考 Toga and Mazziotta (2002)。

在這些研究方法中，fMRI 已成為主導的技術。因為這是一個較全面且非侵入性的方法。因此，這裡我們簡介 fMRI 與其他腦觀測方法的實驗設計與做法。讀者可以參考以下簡介或專業的教科書，其中胡特爾等人在2004年有詳細的介紹 (Huettel et al., 2004)。

2.2.3 實驗設計

神經經濟學實驗的fMRI設計應確保可以檢測到血氧相依濃度 (BOLD) 反應，並可穩定地追蹤到決策過程中與利益 (報償) 有相關的神經活動。這方面的技術限制是BOLD信號相當的弱，一般的反應僅相對於基準測量的幾個百分點。一個重要意義是，神經經濟學實驗通常需要重複進行，再計算所產生信號的平均值。也就是說，以目前的技術單次研究是不可能有具體的結果；因此，實驗設計在策略上必須要考慮到這一點。弱信號的第二個意涵是，信號變化的其他來源，例如，受試者在儀器中的運動，微小的移動頭都有可能產生干擾的訊號，數據收集必須嚴格控制，且對重覆產生的數據必須進行「前置處理」。

2.2.4 實驗經濟學的數據分析

fMRI數據的分析有兩個階段。第一階段是「前置處理」，組成部分包括 (1) 重合影像數據，以平均掉因為頭部運動而產生的變異；(2) 標準化影像，例如，等比例縮放，以助於不同參與者之間的比較；及 (3) 平滑影像，以減少高頻率的立體像素干擾。前置處理關係到第二階段的推論，是非常重要的步驟 (Chen and Houser, 2008)。

第二個階段包含分析、前置處理後的數據和推論激活的模式。無論使用什麼方法，必要面對的問題是：影像數據是相當龐大的空間追踪 (spatial-panel) 結構，數據包括成千上萬的「空間」和「時間」刻劃的立體像素觀測值。分析策略應考慮相近的立體像素，可能存在信號相關的可能性，因此適當的推論需要考慮多重比較 (Tukey, 1991)。

2.3 雙系統：控制與自動化

圖2.4介紹大腦的評價系統，也就是「有感」的那個「感」的所在地。我們這裡介紹基底神經節 (basal ganglia) 是一個系統，其包括紋狀體 (striatum) 和蒼白球 (globus pallidus)，其中紋狀體可再細分為伏隔核 (nucleus accumbens, NAcc)、殼 (putamen)、與尾狀核 (caudate nucleus)。紋狀體會接收來自中腦的腹側蓋區 (ventral tegmental area, VTA) 與黑質 (substangia nigra, Sn) 的神經傳導訊

號。做為生理需求和高階命令決策的橋梁。回顧一下之前，我們介紹的大腦獎賞機制與相關的評價系統。本節將從個體的不同動機來瞭解大腦的學習與適應能力。目前為止，已經有文獻具體說明前額葉皮質連接運動皮質以控制動作並執行功能 (Goldman-Rakic, 1995; Fuster, 2000)。也就是說，前腦區是大腦的指揮中心，但我們仍想瞭解「前腦」到底根據什麼標準來選擇。近期的研究顯示；以及我們所介紹的多巴胺系統，可以知道這些和大腦獎賞相關的紋狀體皮質迴路有關 (Chang et al., 2002; Lauwereyns et al., 2002)。

從生物證據使人聯想「新皮質」，主要就是在前腦區與古老的舊皮質 (也就是紋狀體) 之間的連結，簡稱為「新皮質-紋狀體」迴路，其兩者之間的關聯可能與兩種不同的決策過程有關。第一是，動作熟練與目標導向 (goal-directed) 功能，這類的行動是回應相關獎勵的結果，例如：解決飢餓的方法，就是進食，為了進食，需要取得食物的來源，因此，勞動、狩獵以至現今的各項經濟活動都與此有關。大腦在新皮質尤其是在前額葉 (frontal cortex)，眼框額葉皮質 (orbital frontal cortex, OFC)，前運動皮質 (premotor)，與前扣帶迴 (anterior cingulate gyrus, ACG) 等區進行這方面的活動。大腦本身不會產生動機，需要身體其他器官產生訊號，傳至尾狀核與腹背側紋狀體的多巴胺系統，大腦才會開始有所行動 (Haruno and Kawato, 2006; Levy and Dubois, 2006)。第二個過程是自動化或習慣化 (automatic or habitual) 的反應，其與舊皮質或「感覺中樞皮層」也就是背側紋狀體與殼有關 (Jog et al.,

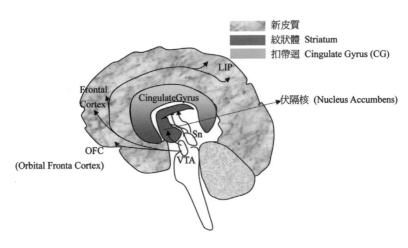

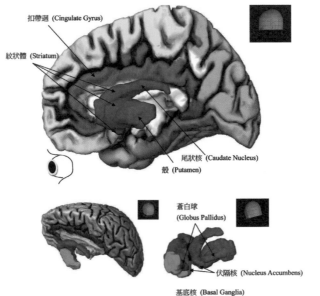

圖2.4: 大腦評價及選擇的神經機制

資料來源: Website: ©2012 Allen Institute for Brain Science. Allen Human Brain Atlas [Internet]. Available from: http://human.brain-map.org/.

1999; Poldrack et al., 2001)。例如，制約反應，狗在聞到食物時分泌唾液的自然生理回饋，後來可以被制約成聽到鈴聲也能分泌唾液，因此制約後的行為就是一種習慣化。

以上兩種過程可視為不同的學習規則 (Dickinson and Balleine, 1994)、不同程度的可塑性 (Partridge et al., 2000; Smith et al., 2001) 與不同的計算原則 (Dayan and Balleine, 2002; Daw et al., 2005)。此外，新皮質-紋狀體迴路的退化也會導致不同形式的病變，例如：紋狀體病變會導致舞蹈症或亨廷頓氏症 (Huntington's disease)、神經傳導物質血清素及多巴胺不平衡與強迫症 (obsessive compulsive disorder, OCD)，蒼白球病變與妥瑞氏症 (Tourette's syndrome) 等 (Robinson et al., 1995; Bloch et al., 2005; Hodges et al., 2006) 和黑質病變與帕金森氏症 (Parkinson's disease) 和其他併發症的關聯等 (Antonini et al., 2001; Seppi et al., 2006)。

從學習的觀點，可以區分為「主動」學習與「被動」學習兩種機制。前者為目標導向，用來說明個體對於「回饋」或是「目標價值」的重視，換言之，特定結果的報償值來自於可控制的行為或行動，進一步決定不同的目標價值，因此，他們對目標相當敏感，所以是一種高度可控制的行為。而被動學習，則是透過任何有助預測的線索，例如，鈴聲之於狗對的食物預期，文獻上稱作為巴甫洛夫值 (Pavlovian values)；用以紀念 Pavlov 在1927年所作的研究，其為一種習慣性動作，一般性的傾向，或特定的反射。基本上，這是一個經驗強化後的結果，所以巴甫洛夫值一般

也稱為「習慣值」，代表一種自動化的行為。

　　各種行為皆可連結到欲達成特定目標有關，但許多活動實際上只是單純的反射。這類反射活動並不會對任何線索作仔細推敲，因此幾乎不會佔用大腦的資源。如之前所討論的：「目標導向」與「反射反應」行動之間的區別，前者是關聯到知識控制的結果，而後者則通常與知識無關。典型的例子，如巴甫洛夫在1927年著名的實驗。發現簡單的制約反射，可以產生在表面上與選擇類似但實際上卻與目標無關的事物。

　　從決策的角度來看還有一種假設，認為狗的「反應」為選擇後的行為，當狗查覺到與食物有關的線索時，狗的決策就是分泌唾液，以幫助消化或提高食物的味覺。為了評估狗分泌唾液的真正解釋，謝菲爾德 (Sheffield) 1965 年先進行一個標準化的巴甫洛夫條件反射實驗，他用音調配搭配食物的方式；然後，實驗做了一些改變。若狗在音調出現時分泌唾液，則停止食物的供應。這樣的安排維持巴甫洛夫音調和食物關聯，但除去唾液和食物的正向關聯。謝菲爾德的理由是，如果分泌唾液是控制下產生的動作，則不給分泌唾液的狗食物，是否就可以確保牠停止分泌唾液。事實是，狗根本學不到分泌唾液可以改變食物的味道或提高它的攝取，從而提高了食物的獎勵價值。若狗知道唾液的功能，他們應該可以學會由音調克制分泌唾液。謝菲爾德發現，巴甫洛夫音調與食物關係無法控制分泌唾液，在超過800多次音調與食物搭配，狗始終無法學得聽到音調後應克制分泌唾液。簡單說，只

要狗預期到食物的來臨，唾液便會不由自主的分泌，而這是無法經由大腦思考來控制的。

雖然巴甫洛夫反應不符合目標導向行動，同樣的，外在加入的條件也是如此，如工具制約 (instrumental conditioning) (Thorndike, 1911)。在工具制約中，動物可以學習產生新行為，這些行為通常是隨機的反應，如實驗箱中的老鼠在「壓桿行為」可以獲得食物，與巴甫洛夫 (古典) 制約不同，這是依據「行為」產生。謝菲爾德的研究，若不考慮這些反應，而無條件的給予食物，狗將失去學習的誘因 (Davis and Bitterman, 1971; Dickinson et al., 1998)。此外，研究證明許多精巧靈敏的表現都是「工具制約」的結果，因為其行動會改變結果的機率，即食物出現的機率與行動的關聯，這些變化具有高度選擇性 (Colwill and Rescorla, 1986; Dickinson and Mulatero, 1989; Balleine and Dickinson, 1998)。所以，這類「行動－結果」相關的實驗，實際上也是習慣化的制約反應。

然而，工具制約訓練後的行為，將脫離巴甫洛夫條件反射，因此，也滿足目標導向的條件。所以，看似目標導向的行為有可能是經由巴甫洛夫學習而來。相反的，既然工具行為可能受巴甫洛夫制約的影響，那麼我們可以設計實驗，將原本不屬於動物的行為透過巴甫洛夫制約，使得動物具有選擇特定工具的行為，文獻上稱為巴甫洛夫－工具轉換。

巴甫洛夫－工具轉換

　　想像一隻在實驗箱中的白老鼠，以食物球伴隨鈴聲，及鐘聲伴隨糖水餵食一段時間。等白老鼠受兩種不同的聲音制約之後，讓老鼠自由控制左右兩個壓捍。假設壓左桿會出現食物球；而右桿則會出現糖水。當老鼠已經熟悉兩壓桿的功能之後，讓兩隻受相同訓練過程的飢渴的老鼠分別進入有壓桿的實驗箱中，並各別伴隨鈴聲及鐘聲，有趣的現象發生了。相較於沒有聲音伴隨的情形，伴隨鈴聲的老鼠明顯在壓左桿 (食物球) 的次數高於右桿；而鐘聲組的老鼠則出現相反的結果 (糖水)。顯示先前的巴甫洛夫訓練已經讓老鼠在不同的聲音下產生不同的聯想或「偏好」，進而使行為也有所差異。

2.4 情感與認知

　　進入這個主題之前，我們必須先界定「情感」(affective) 與「偏好」(preference) 之間的差異，以避免在後續的討論之中產生混淆。第一是「形式上」的差異，情感是主觀的，而偏好是相對的，也就是說偏好是經由認知、比較之後所形成的傾向，而情感則是接收刺激後直接的觸動。比方說做市場調查時，若只是單純的詢問消費者是否「喜歡」某品牌的新產品？通常得到的答案都是類似「還不錯」、「OK」之類的禮貌性回答，且事實上也不具備參考價值。因為在消費者實際購買行為發生時，會從多種選項

中挑出比較之後的傾向「偏好者」，而之前回答的「還不錯」、「OK」是未經比較前的喜歡，並無任何意義。然而，對於某些永遠忠誠、膜拜於特定性品牌的消費者而言，則是情感的直接觸動！也直接越過了思考、推敲的過程。

第二是「程度上」的差異，偏好不會有情緒上的外顯起伏，只有在實際決策發生時才能略見端倪，所以，偏好雖然形成於實際行為之前，但必須透過實際行為來顯現。但是情感則不然，在接收到刺激觸動後，情緒上的外顯起伏是容易觀察的，且發生在實際行為之前，而實際行為則可視之為對「流露」出的情感的回應。所以，偏好是無法預測的，只能由行為去回溯，而情感則是行為的先行指標，可預測隨之而來的行為。

經由上述的討論釐清了「情感」與「偏好」之間的差異後，我們在這裡可以有一個初步的結論：偏好是理性的認知過程，其間是必須經過思考與推敲的路徑，而情感屬於較深層的、原始的情緒發動，如喜、怒、哀、樂等的觸動與流露，其間並不經過思考與推敲的路徑。很直白的說法就是：你想笑就笑了，你不會一邊笑一邊推敲你自己為什麼要笑。

接下來，我們有了很充分的理由進入認知 (cognitive) 與情感在處理路徑上的「異」與「同」的探討。

2.4.1 認知的過程

1. 刺激與感官接收：

當刺激「進來」亦或是「暴露」在我們所及之處，無論是眼睛看到 (影像)、耳朵聽到 (聲音)、鼻子嗅到 (氣味)、嘴巴嚐到 (滋味) 還是皮膚接觸到 (觸感)，都是由我們的感官接收器在接收這刺激，而這些刺激可以同步、平行、互不干擾的透過神經系統傳達到大腦，例如，當你在電影院看電影時，除了眼睛看著畫面、字幕，你的耳朵也同時在聽著對白與配樂，你的手指摸黑伸進爆米花的紙袋拿捏著下一口的份量，你的嘴巴感受著爆米花的鹽粒鹹味與鬆軟口感，你的鼻子也嗅到了奶油香味，而你，並不會因此覺得忙不過來。

2. 越過引起注意的門檻：

我們的感官接收器雖然在不停的串流著 (streaming) 接收刺激，但並不表示所有的刺激都會被大腦「理會」或是「處理」，這些刺激必須被注意且越過足以產生反應 (response) 的「絕對門檻」(absolute threshold)，我們的大腦才會去處理這個刺激，當然這個絕對門檻的高低會因人而有些少許的差異，比方說我們會說某人的神經比較大條，其實就是說會引起他注意的門檻比較高。或是，當你覺得冷而多加一件衣服，那就表示這個冷的感覺已越過了絕對門檻，被注意並必須予以處理。

3. 詮釋 (interpretation)：

其實就是指處理越過引起注意絕對門檻的刺激的過程，有可能是上述經過比較的、相對客觀的認知過程，或，也有可能是純粹憑「感覺」。你的大腦如何詮釋這個刺激？如果被你的大腦思考過，我們稱之為「認知性詮釋」。如果沒有被推敲、思考，只是被感受、感覺，我們稱之為「情感性詮釋」。於是，重點來了－情感與認知就在此分道揚鑣！而接下來要往下走的程序是屬於「認知性詮釋」的不同層級的範疇，至於「情感性詮釋」我們稍後再接續討論。

(1) 組織 (organize)：

指對刺激的組織，將刺激標的物與大腦中「既有的記憶」連結，以組合出一個「mean something」的概念，也就是「賦予它意義」的這個「過程」，而這個過程對大腦來說是個非常神奇的機制，如同前面我們談到的刺激與感官接收：所有的刺激是同步、平行、互不干擾的透過神經系統傳達到大腦，所以你的大腦也不會一一的、個別的分析、解讀這同步而來的每一個刺激，而是作整體性的解讀且形成一個整體性的概念。比方說你進入一個飄著濃郁咖啡香的房間 (嗅覺的刺激) 並看到你朋友端著一個杯子正在喝熱騰騰的液體 (視覺的刺激)，於是，你得到一個整體性的概念：你「認知」你朋友正在喝咖啡。正因為這個神奇的機制，有助於我們在極短的時間內做出判斷 (只是判斷，不一定是百分之百正確的判斷)。這當然要符合上述的前提：必須存在「既有的記

憶」！當然，你朋友的杯子裡也有可能裝的不是咖啡，雖然機率不高。

(2) 類化 (categorization)：

是一種辨識、歸類的過程，當我們的感官接收器接收到特定刺激之後，我們就會根據記憶庫的資料加以辨識、歸類，以利對該刺激的詮釋與解讀。比方說當你在閱讀雜誌的時候你可以輕易的分辨出內文與廣告，或是，即使是你從來沒用過或見過「數位相機」，但只要你曾經用過，或，見識過傳統照相機，你可以很「直覺」的就知道這台機器是用來做什麼的。

(3) 推論 (inference)：

係指跳脫出刺激所直接陳述或表現出來的訊息，而企圖從另外一些可以自行掌握到的線索中解讀出一些弦外之音。這也是詮釋當中最深層的範疇，因為需要對「線索」作一些的推敲與思考，比方說當你無法單純從外觀亦或具備的功能中去判斷產品品質的時候，你可能會藉由相關的線索中去推敲，如價格 (一分錢一分貨)、有提供產品保固期間 (產品若不耐用，廠商不敢這麼做)、來源國 (原裝進口、原產地)、品牌知名度等等所釋放出的相關訊號而做出判斷建立認知。

(4) 記憶 (memory)：

當1.刺激與感官接收→2.越過引起注意的門檻→3.詮釋，以上的認知過程完成後，最終處理的結果會被送到大腦中的記憶庫「海

馬迴」(hippocampus) 中被儲存。但這裡不是終點,而是下一次「認知性詮釋」或更有可能引發「情感性詮釋」的起點,因為記憶是過往認知與學習經驗的總累積,其中包括了獲取資訊與儲存資訊的過程,以確保需要的時候可以隨時擷取 (Solomon, 2007)。

而記憶又可粗略的劃分為短期記憶與長期記憶,短期記憶屬於正在運作中的記憶,負責積極的問題解決 (如推敲、思考、建立認知),位置在大腦的皮質層。而長期記憶則屬於資訊的永久儲存 (最終處理的結果) (Hawkin et al., 2007)。因此,在前面第3點中所提到的「情感與認知就在此分道揚鑣!」則是基於長期記憶的緣故。

2.4.2 情感的過程

還記得我們2.4節開頭討論的情感與偏好之間的差異?若再根據前述「長期記憶」的脈絡,以及「在此分道揚鑣」的線索,讀者應該就可「推論」出情感的過程。當中的差異只是在於情感的觸動,其間並不經過思考與推敲的路徑。很容易想像的是:如果每一次的偏好的結果都相同,當然你會記著;當然你會逐漸對這偏好產生情感;然後長久的記著,因為每次都與擷取 (recall) 的結果相符,所以當你再遇到類似的刺激時就不再需要思考、推敲,因為屢試不爽!

所以情感的過程與認知的過程的 (1) 與 (2) 是完全相同的,只是走到 (3) 時越過了思考與推敲的路徑,直接使用「情感性詮釋」。但是,請千萬記住「長期記憶」是「情感性詮釋」的起點。

2.4.3 認知的特性

主觀性

雖然前面提到偏好的形成是相對的、是經過比較的,但並不表示認知就是絕對的客觀,因為認知是個人賦予外來刺激或訊息的主觀解讀過程,不同的個體會有不同的解讀。所以經常發生的情境是:明明是同一件事,不同的人卻有不同的看法,且各自認為自己的觀點才是對的。因此,認知不僅僅是主觀的、個人的,最末端的展現也是以「我認為」、「我想」、「我覺得」的方式為之。

僵固性

我們都聽過「根深蒂固」、「冥頑不靈」、「食古不化」之類的負面用語,這些都恰巧可形容認知的僵固性。認知一旦形成,人們就會有維持自身認知的一致性、一貫性的強烈傾向 (因為經過推敲、思考的處理完的結果,已經儲存在長期記憶,或許情感還沒發生;或許情感已發生),所以,只要認知一旦形成想要扭轉就不容易了,特別是在情感已發生的情況下。

選擇性

還記得刺激被注意的「絕對門檻」,很直覺的我們會覺得這門檻是「量」或是「程度」,意即可被刻度化。一般而言是如此,但更精確的解讀還包括「質」,意即哪種類型的刺激?香與臭都是嗅覺的刺激;搖滾樂與古典音樂都是聽覺的刺激。更質化

的例子：某個人自覺體重過重 (沒超過某個數值之前)，對於有關減重的訊息是會主動選擇注意的，可是，當他的體重超過某個數值之後，對於有關減重的訊息反而是選擇迴避的。即便這是同一類型的刺激，選擇性也還是出現了，情感的因素或多或少扮演了相當程度的角色在其中，只是我們無法知道權重是多少？

2.5 小結：「情結」哪裡來？

個體在做決策時，到底是基於「理性的推敲分析」還是「感性的直覺投射」？現在，這個答案可能論誰也說不上來，可能「或多或少」兩者都有。或多或少的意思是不是意味者有個「雙系統」在同時運行 (Fudenberg and Levine , 2006)？那大腦中又是哪個區位負責哪個系統？本章最後，我們透過文獻上的發現進一步描述當出現選擇的矛盾時，大腦的功能是如何運作的？如前所述，透過fMRI的技術可以讓我們一窺究竟。當腦區活動時需要靠血液輸送氧，所以，我們可以因此判定含氧血所在的腦區活動是較為激烈的。

多米尼克狄魁文 (Dominique de Quervain) 等人2004年發現與預期報酬有關的紋狀體 (striatum) 裡的尾狀核 (caudate)，亦與懲罰有關，而且懲罰的效用是真實存在，而且在信任賽局的決策過程中，預期這種懲罰的效用的確有被大腦列入考量。當懲罰是有成本的時候，整合不同認知過程以便進行抉擇的前額葉皮質

(prefrontal cortex) 與內側眼框額葉皮質 (medial orbitofrontal cortex, mOFC) 和沒有懲罰成本的時候相較，都有較劇烈的活動，表示大腦確實認真的在衡量懲罰的效用與成本。

山菲 (Sanfey) 與諾奇 (Knoch) 的團隊分別在2003年與 2006年，研究最後通牒賽局，考慮是否拒絕不公平的方案時，大腦中和情緒反應相關的前腦島 (anterior insula) 與權衡利害得失的背外側前額葉皮層 (dorsolateral prefrontal cortex, DLPFC) 會有反應，且，當不公平的方案被拒絕的時候，對應的情緒腦區活動特別劇烈。這表示經濟學家用來解釋最後通牒賽局實驗結果的不公平的趨避 (inequality aversion) 的確跟人們的情緒反應有關，且有神經科學上的證據。

麥克盧爾 (McClure) 團隊於 2004年在研究跨期決策時，發現當個體考慮含有「當期立即的報償」選項的問題，大腦的邊緣系統 (limbic system)，也就是主管情緒行為的腦皮質 (paralimbic cortex) 會有相對較強的血氧反應。同樣的區域在個體考慮不包含當期選項的問題時就沒有反應。相對地，當個體考慮任何跨期決策的問題，不論是否包含「當期」，主管認知與高層次思考的前額葉皮質與頂葉皮質的部分，腦區側前額葉皮質 (lateral prefrontal cortex) 和後前額葉皮質 (posterior parietal cortex) 則有血氧反應，而且，當這些腦區的血氧反應越大，個體越傾向選擇延遲且報酬較高的選項。

　　約翰霍普金斯大學的明與宋 (Ming and Song) 團隊 2005年發現個體確有「模糊趨避」的傾向，大腦中和恐懼有關的杏仁核 (amygdala) 以及和連結情緒反應與認知理性思考有關的眼框額葉皮質 (orbitofrontal cortex, OFC) 對未知的恐懼有血氧反應，為了證明其中因果關係，該文獻從愛荷華州立大學的腦傷病患 (lesion patient) 資料庫中找到受傷的病患進行實驗，發現與預測完全吻合。意即，這些該腦區受傷的病患確實最沒有模糊趨避的傾向。

　　以上這些證據，我們看到大腦的理性與感性，下次做決策時，也許還是意氣用事、短視近利、貪小便宜而導致後悔莫及；但也可能猶豫不決、失去良機而悔不當初。這之間的差別，可能常常是當局者迷，旁觀者清了。

延伸閱讀

Antonini, A., Moresco, R. M., Gobbo, C., De Notaris, R., Panzacchi, A., Barone, P., Negrotti, A., Pezzoli, G., & Fazio, F. (2001). The status of dopamine nerve terminals in Parkinson's disease and essential tremor: a PET study with the tracer [11-C] FE-CIT. *Neurological Sciences*, 22(1), 47-48.

Balleine, B. W., & Dickinson, A. (1998). Goal-directed instrumental action: contingency and incentive learning and their cortical substrates. *Neuropharmacology*, 37(4), 407-419.

Bloch, M. H., Leckman, J. F., Zhu, H., & Peterson, B. S. (2005). Caudate volumes in childhood predict symptom severity in adults with Tourette syndrome. *Neurology*, 65(8), 1253-1258.

Chang, J. Y., Chen, L., Luo, F., Shi, L. H., & Woodward, D. (2002). Neuronal responses in the frontal cortico-basal ganglia system during delayed matching-to-sample task: ensemble recording in freely moving rats. *Experimental Brain Research*, 142(1), 67-80.

Colwill, R. M., & Rescorla, R. A. (1986). Associative structures in instrumental learning. *The Psychology of Learning and Motivation*, 20, 55-104.

Davis, J., & Bitterman, M. E. (1971). Differential reinforcement of other behavior (DRO): a yoked-control comparision. *Journal of the Experimental Analysis of Behavior*, 15(2), 237-241.

Daw, N.D., O'Doherty, J.P., Dayan, P., Seymour, B., & Dolan, R.J.

(2006). Cortical substrates for exploratory decisions in humans. *Nature*, 441, 876–879.

Dayan, P., & Balleine, B. W. (2002). Reward, motivation, and reinforcement learning. *Neuron*, 36(2), 285-298.

Del I. Hawkins, David L. Mothersbaugh, & Roger J. Best(2007), *Consumer Behavior* , 10th ed., New York, NY: McGraw-Hill Companies, pp.334-336.

Dickinson, A. (1998). Omission learning after instrumental pretraining. *The Quarterly Journal of Experimental Psychology*: Section B, 51(3), 271-286.

Dickinson, A., & Balleine, B. (1994). Motivational control of goal-directed action. *Animal Learning & Behavior*, 22(1), 1-18.

Dickinson, A., & Mulatero, C. W. (1989). Reinforcer specificity of the suppression of instrumental performance on a non-contingent schedule. *Behavioural Processes*, 19(1), 167-180.

Fuster, J. M. (2000). Executive frontal functions. *Experimental Brain Research*, 133(1), 66-70.

Goldman-Rakic, P. S. (1995). Architecture of the prefrontal cortex and the central executive. *Annals of the New York Academy of Sciences*, 769(1), 71-84.

Hodges, A., Strand, A. D., Aragaki, A. K., Kuhn, A., Sengstag, T., Hughes, G., ... & Luthi-Carter, R. (2006). Regional and cellular gene expression changes in human Huntington's disease brain. *Human*

Molecular Genetics, 15(6), 965-977.

Jog, M. S., Kubota, Y., Connolly, C. I., Hillegaart, V., & Graybiel, A. M. (1999). Building neural representations of habits. *Science*, 286(5445), 1745-1749.

Lauwereyns, J., Takikawa, Y., Kawagoe, R., Kobayashi, S., Koizumi, M., Coe, B., Sakagamil, M., & Hikosaka, O. (2002). Feature-based anticipation of cues that predict reward in monkey caudate nucleus. *Neuron*, 33(3), 463-473.

Leon G. Schiffman & Leslie Larar Kanuk(2007), *Consumer Behavior*, 9th ed., Upper Saddle River, NJ: Pearson Education, pp. 148-149.

Michael R. Solomon(2007) *Consumer Behavior*, 7th ed., Upper Saddle River, NJ: Pearson Education, pp. 85-86.

Ming, G. L., & Song, H. (2005). Adult neurogenesis in the mammalian central nervous system. *Annu. Rev. Neurosci.*, 28, 223-250.

Partridge, J. G., Tang, K. C., & Lovinger, D. M. (2000). Regional and postnatal heterogeneity of activity-dependent long-term changes in synaptic efficacy in the dorsal striatum. *Journal of Neurophysiology*, 84(3), 1422-1429.

Poldrack, R. A., Clark, J., Pare-Blagoev, E. J., Shohamy, D., Moyano, J. C., Myers, C., & Gluck, M. A. (2001). Interactive memory systems in the human brain. *Nature*, 414(6863), 546-550.

Robinson, D., Wu, H., Munne, R. A., Ashtari, M., Alvir, J. M. J., Lerner, G., & Bogerts, B. (1995). Reduced caudate nucleus volume in

obsessive-compulsive disorder. *Archives of General Psychiatry*, 52(5), 393.

Roger D. Blackwell, Paul W. Miniard, & James F. Engel(2006), *Consumer Behavior* , 10th ed., Mason, OM: Thomson Higher Education, pp.661-662.

Seppi, K., Schocke, M. F., Prennschuetz-Schuetzenau, K., Mair, K. J., Esterhammer, R., Kremser, C., Muigg, A., Scherfler, C., Jaschke, W. Wenning, G. K., & Poewe, W. (2006). Topography of putaminal degeneration in multiple system atrophy: a diffusion magnetic resonance study. *Movement Disorders*, 21(6), 847-852.

Sheffield, F. D. (1965). Relation between classical conditioning and instrumental learning.in W. F. Prokasy (Ed.), *Classical Conditioning*. New York, Appleton-Century-Crofts.

Thorndike, E. L. (1911). *Animal Intelligence: Experimental Studies*. New York, NY: Macmillan.

第*3*章 不確定下的決策

　　我們希望增進人們在不確定環境下對價值評估的瞭解，將引用相關的生物研究來協助瞭解人類的行為。特別是在有些行為帶來的報酬或損失並不是百分之百確定的情況下，價值的評估過程以及如何形成決策行為。從過去的研究發現價值並非全都來自於「記憶」，有很大一部分是「計算」而來的。這就引發一個重要的問題：那到底怎麼算的？是不是有一個「計算模型」在背後？不同的個體使用的計算模型有沒有共通性？期望效用 (Expected Utility Theory, EUT) 與展望理論 (Prospect Theory, PT) 告訴我們實際的選擇可以歸因為一個「效用值」，或者說是「快樂的程度」，我們已經知道 OFC 的反應和這個值有關，但我們還想知道這樣的數值在不確定的情況下會是什麼樣子，並想瞭解計算中感覺的偏誤以及情感所扮演的角色。我們經常在面對不確定選擇時產生了風險厭惡情緒，例如：要唸一般高中還是職業學校；大學科系的選填；大學畢業後究竟要先就業還是繼續升學；男生還要考慮要不要先當兵；學成後該選擇哪幾家公司去投履歷；該接受哪一家公司的工作等等，每一個選擇的結果，雖然可以簡化成期望的報酬，但都相當的不確定，決策者通常看不到明確的未來。

或者，在模糊 (ambiguity) 的情境下，產生模糊的厭惡情緒，相較於不確定的情境，在模糊情境下，連結果有哪些都不容易掌握，例如：在SARS或禽流感疫情擴散的期間，該不該出門還是待在家裡等待疫情結束，可是疫情什麼時候會結束也沒有人知道 (Hsu et al., 2005; Huettel et al., 2006; Bali et al., 2009)。其於上述這些令人無奈的情境，什麼要素是構成模型的基礎。這些要素不外乎「極大化滿足感」或「極小化預期後悔」等(Ghirardato et al., 2004; Segal, 1987)。

經濟學家很自然會問，既然選擇已經可以被「類似」極大化效用指標來表現，我們為什麼還要費心研究選擇背後的計算過程呢？首先，極大化 (期望) 效用理論對行為解釋能力並不讓人滿意，有一種隔靴搔癢的感覺，所以希望能夠增進選擇的預測力，也就是行為的解釋能力。其次是如果可以成功提升「個體」的解釋力，進一步可以套用到由個體互動而構成的「總體」經濟模型，由個體的反應模式，預測其對總體經濟情勢的影響。例如：經濟模型每變動一個參數就需調整個模型，可以說牽一髮而動全身，而在個體基礎的計算模型下，個體會自動計算及反應，個體的反應受彼此互動的影響以及與環境框架相依，因此，模型調整是連鎖反應不同的問題框架，這正回應了經濟學家盧卡斯的批判 (Lucas, 1976) 或者說是以一個新的角度來面對數理模型的問題。因為模型可能對問題相當敏感且缺乏穩健性，經濟學和心理學文獻中經常提到的「框架效應」正是反映出這種特性的其中一種表

現。相對的，我們期望看到的計算模型是結構化的，當然，光是
想像這樣的模型就可以感覺到相當複雜且具有高難度的挑戰，更
別說想證明這種模型的性質，但重點是我們要得到的是：一個更
人性的模型，而不是一個冷冰冰的數學公式。

　　理想的計算模型應能夠充分或部分的掌握與適應框架偏誤，
通常可以透過加入一個隨機變化看看模型是否符合觀察到的選擇
行為。傳統的方法，經濟學假設效用指標會受到隨機因素的影
響，所以可以使用計量模型來掌握真實選擇的分配特性
(McFadden, 1974)。而對於計算模型，針對觀察到的選擇特性，我
們提供文獻上的基礎。

　　電腦科學的發展，讓我們有能力追求選擇行為背後的神經計
算模型。人工智慧科學的興起，更激發人們將電路邏輯類比成生物
神經連結運作的想像，人工智慧或計算智慧發展出來的科學風貌
是「高速運算」和「海量資料」處理能力；但是否能與人類的智慧
相提並論？一直都還有待觀察，至少目前還沒有發展出可以像人類
一樣思考的機器。我們可以看到許多領域應用到人工智慧科技在
家電產品、工業機器人、自動飛行駕駛系統等模組化的應用。可說
是把人的一些邏輯思考特性，例如，模糊邏輯、強化式學習、類神
經網路模型等抽取出來應用在這些用途上。這些科技也常被經濟
學家用來建模經濟代理人，我們稱這樣的科學為人工智慧經濟學，
強化了傳統經濟學對於赫伯特‧西蒙 (Herbert Simon) 在「有限理
性」(Bounded Rationality) 思想的認識，因為人的決定受到許多內

在及外在因素的影響，實在是難以完全理性決定。

現代決策理論適用於良好定義的環境，例如在確定和風險情境下，對學習和選擇模式的描述相當成功。然而，一旦問題的複雜性增加，例如在不確定與模糊下，決策理論亦難以有具體的建議。愛荷華賭局作業 (Iowa Gambling Task, IGT) 就是實驗室建立的不確定情境 (Bechara et al., 2005)，這個選擇問題可以想像一下吃角子老虎，只是現在有 4 台這樣的機器，相當於 IGT 所採用的 4 副樸克牌。然而，這個問題相當複雜，截至目前為止，還沒有人能找出最佳解決策略。但是，人類卻能很快適應並學習到 IGT 的期望報償與風險變化並排出順序 (Bechara et al., 1997)。

愛荷華賭局作業 (IGT)，由安東尼‧貝沙拉 (Antonie Bechara) 與安東尼奧‧達馬西奧 (António Damásio) 及其他同事等人在愛荷華大學 (University of Iowa) 所建立。有上百篇的論文透過這個作業來研究人類的認知及情緒對決策的影響。IGT的設計是利用 4 副蓋著的牌讓受試者來選擇。受試者被告知每一副牌都有可能贏得一些錢，然而，每隔幾張牌會出現輸錢的牌。這個賭局作業的目標就是要盡可能的贏取金錢。四副牌的利得和損失的分配皆不同，因此，有的是「好牌」；而有的是「壞牌」，長期而言有的牌會導致「正的利得」，而有的牌則是「負的」。受試者的目標就是找到長期平均利得為「正」的牌。

大多數健康的受試者皆可以在翻過40-50張牌之後鎖定在「好牌」獲得長期正的利得。至於前額葉受傷，特別是眼框額葉皮質

(OFC) 的病人，即使是知道總體而言會帶來金錢損失，仍不知變通的持續選擇「壞牌」。利用膚電反應 (skin conductance) 可以偵測出正常受試者在經歷過大約10次壞牌之後，當伸手要再去翻壞牌時，膚電已經有感覺到「壓力」的反應，這是在正式放棄「壞牌」之前就已經有的反應。在OFC受傷的受試者身上就沒有這樣的反應。

IGT很適合用來觀察人類選擇背後的學習模式，因為這個開放式情境，涉及高維度的參數空間，科學家已經幾乎可以肯定IGT無法套用貝氏統計方法來求解。而基於傳統統計學的簡單學習演算法，反倒是表現的還不錯 (Diaconis and Freedman, 1986)。這些線索給我們一個希望，人類的適應能力還是挺厲害的，那麼在這種情況下如何學習和適應？使用什麼計算模型？如果我們知道這個模型，也許可以充實決策理論，對於更開放性；甚至沒有明確定義的問題，會有相當的貢獻。

另一個線索來自於累積多年的腹內側前額葉皮層 (ventromedial prefrontal cortex, vmPFC) 和杏仁核 (amygdala) 受傷的病患資料，其中有些患者參加了IGT 實驗 (Dunn et al., 2006)。實驗支持特定的大腦區域可能跟這些計算有關。特別令人感興趣是這些患者，雖然IGT 表現不佳，但在相較於簡單的作業時，他們表現在工作記憶、智商及決策，反而有更優異的能力。圖3.1顯示杏仁核的位置，其位於腦底部，分為左右兩個，屬於邊緣系統的一部分，因為形狀類似杏仁而得名。杏仁核是緊張大師，一點風吹草動，我們還沒有嚇

到，杏仁核已經在預警了；vmPFC則是理性判斷是否要重視此警告並改變決策，這讓我們想到，有些時候我們決策品質不好，是不是我們自己想太多了？現在這個「想太多」的證據可能就在上述那兩個腦區。

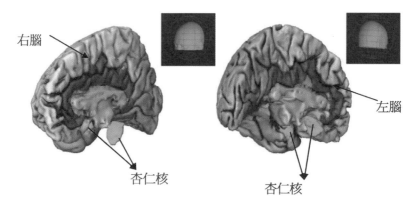

右腦

左腦

杏仁核

杏仁核

圖3.1 恐懼中樞杏仁核 (從左右不同的角度觀察)

資料來源：Website: ©2012 Allen Institute for Brain Science. Allen Human Brain Atlas [Internet]. Available from: http://human.brain-map.org/.

　　對於不確定與風險下的價值評估，從神經生物學的研究數據找出的計算模型，是一種期望報酬相對於風險的權衡 (trade off)。這種模式在財務金融領域相當受歡迎，風險通常表示成報酬的變異數或二階動差。因此也稱為期望值－變異數模型。

　　結合這些發展多年的不確定性條件下的選擇模型，如期望效用理論、展望理論與期望值－變異數模型。透過文獻的回顧，我

們想提供一個可以根據預期報酬與風險權衡的計算模型，並可以擴展到不確定或模糊下的選擇。

文獻上認為生理機制中的價值評估是自發性的，即使無需選擇，大腦其實已經在打分數了。這從生物演化的角度來看是有道理的，因為計算價值需要能量 (思考也是要花能量的) ，因此，生物體必須學會正確地計算，特別是在當被迫採取選擇時 (forced choice on choice, 必須選擇的實驗) ，將能夠有助於生存。而當可迴避選擇時 (free choice on choice, 自由選擇的實驗) ，計算也還是在進行。所以我們可以從實驗來證實這點，當受試者面對不確定結果的賽局，大腦在「必須」選擇和「自由」選擇試驗之間的活化區域應可比較出差異。

當評估價值是為了選擇時，顯示出來的結果是否會與計算模型下的結果相同。我們感興趣的是：最終的「選擇」是什麼？接下來花一些時間說明這個複雜的問題。首先詳述大腦計算值和選擇下展現的值之間的差別。然後，探討價值評估的神經生物學基礎。最後，我們來談一下選擇的矛盾。

3.1 價值與選擇的差別

許多研究已證實，即使在沒有立即選擇必要的情況之下價值即已形成。文獻上經常使用財務金融情境作為很好的切入點，因為財務價值的評估值往往是複雜而耗時的，而好的選擇機會卻常

是一瞬之間。我們再回到為什麼在不需要選擇的情形下,大腦仍然花力氣去計算價值?舉一些例子,當你看到廣告商品是否曾有過心動的感覺,但卻不一定每次都會行動;看到路上有老太太在賣口香糖時,是不是每次都會買?在社群網站瀏覽朋友的動態,會不會每次都按讚。以上這些例子,相信多多少少在人們的心中都會激起一些感覺。這些感覺其實就是在計算這些事情的價值,主要就反應在第1章所討論的OFC及vmPFC的前額葉區域,讀者應該還記得,這些區域反應出來的「值」相當穩定,但卻不一定能完全預測最後的選擇結果。主要原因是,注意力有限,根據注意力驅動感官及運動區的結果可能導致和OFC原始值不同的選擇。鑑於我們有興趣的是選擇,尚未行動之前的價值信號是一個很重要的線索。人類之所以為萬物之靈,是長期以來的演化加上社會化的產物。我們看看以下詩句:

> 關關雎鳩,在河之洲。窈窕淑女,君子好逑。
> 參差荇菜,左右流之。窈窕淑女,寤寐求之。
> 求之不得,寤寐思服。悠哉悠哉。輾轉反側。
> 參差荇菜,左右采之。窈窕淑女,琴瑟友之。
> 參差荇菜,左右芼之。窈窕淑女。鐘鼓樂之。
>
> 《周南・關雎》

表現出來的美感是一種心裡悸動的共鳴,加上「發乎情,止乎禮」的含蓄。很明顯的,人類很早就有別於一般的生物,但不可否認,動物性仍然存在。

　　無論如何，我們追求的是福祉、快樂或幸福感。從實驗觀察什麼是人們真正想要的？事實上，就存在至少兩個的價值評估的信號。對於事後請實驗室內的受試者回答他們在決策時「要什麼」與「做了什麼」之間可能存在著差異。從表面的答案，我們可能永遠不知道受試者到底想要什麼，也就是無法觀察到他們真實的偏好。然而，把不同的價值信號放在一起，也許可以幫助我們拼湊出真正的偏好。

　　卡尼曼 (Kahneman) 對於顯現的選擇和真實偏好的差異的基本質疑，他先將「決策效用」和「經驗效用」之間的差別做了區分 (Kahneman et al., 1997)。決策時以期望效用模型來反映最適選擇行為已經被證實解釋很有限，因為即使是機率以及狀態已知的風險下決策，人們也不一定按照期望值來行事；而展望理論則以心理學的發現選擇理論的公理基礎 (Kahneman and Tversky, 1992)。卡尼曼 (Kahneman) 與特沃斯基 (Tversky) 的研究說明，經濟學家普遍認為代表偏好的期望效用理論對於尋求風險所隱含的損失，可能無法反映內在的目標行為，這個目標是一個「內隱」(default) 的行為，還需要去最佳化「經驗效用」的平均水準，具體的行為是對於失敗或損失的重視。例如：小朋友在學習的過程中可以選擇乖乖聽話，也可以調皮搗蛋。如果過去因為選擇後者被處罰了，則他可能在將來把自己聽話的行為解釋成一種習慣。事實上這是經驗而來，然後內化成為偏好的一部分，不知不覺的在指導行為 (Yin et al., 2005)。

　　近來神經生物學證據支持內隱行為的概念，當選擇涉及損失的情況時，無論個體的風險態度為何，杏仁核皆會相當明顯的活化。有趣的是：隨之而來前腦的眼框額葉皮質 (OFC) 活化，是受試者開始認真評估損失是否真的有那麼可怕的時候，對於風險愛好者，會傾向忽視或壓仰杏仁核的激發，並有承擔風險的能力。然而，大部分人皆受制於較原始的杏仁核，杏仁核是原始的保護機制，警示可能的危害或損失，一旦目標連結到杏仁核將會使人無法很客觀的看清事實。

　　目前的研究還沒有辦法明確找出任何一個訊號可以單獨看出行為的端倪，但可以確定腹內側前額葉皮層 (vmPFC) 扮演重要的角色。那麼回到我們的基本問題，價值的計算是根據哪些信號？或者說有哪些腦區參與？又如何與行為連結呢？

　　在真實偏好與顯示出的決策的之間存在神經反應的差異，原則上來說，對於預測選擇行為以及最終的幸福感相當重要。換一個角度來思考，銀行代理人或基金經理人的偏好是否反映出客戶真實的偏好？經濟學針對主理人-代理人問題 (principal-agent problem) 之間的偏好衝突，已經提出相當多的見解，證實代理人為了自身的利益動機很難能客觀的替客戶 (主理人) 著想。因此，有沒有一個機制或計算方法，不需要透過人為中介，自動替客戶決策？這就好像在問理論是否能反應我們的真實偏好一樣？如果不是這樣，那即使是從理論所得到的最適投資組合也沒有多大的意義了(Gomes, 2005)。

其實就計算的複雜程度來說，如果要使用展望理論來計算並沒有比較容易。其他的效用函數，例如，對數效用函數反而更容易計算，但，這可能只是我們自己圖一時方便的做法。布倫 (Blume) 與尹士利 (Easley) 在1992年使用演化計算的方法，從生存的觀點來說明不同效用函數的存在價值，就生存適應的觀點，對數效用函數可能有其可取之處。德馬蒂諾 (De Martino) 等人在2008年的實驗資料可以將受試者的選擇行為重新詮釋成幾個成分，包括：內隱行為的傾向 (例如：杏仁核、尾狀核或其他相關的中腦區域) 、當時的情境以及對抗內隱行為的神經活動 (例如：前腦區域) 。在猴子大腦的神經元細胞記錄指出：「尾狀核」在內隱行為的評估扮演著重要關鍵的角色 (Lauwereyns et al., 2002)。以上這些線索讓我們相信這個評估過程並不簡單，而演化選擇的結果應該是相對較能適應環境的機制。

3.2 風險情境下的評價

風險與不確定情境的差別在於風險的情境多了「機率」的資訊，機率有可能來自於被告知的分配，例如：擲銅板，也可能是經過很長一段時間的觀察而歸納出來的結果，例如：夜市的彈珠台。經濟學家在詮釋純風險選擇下，假設個體在極大化效用時不受機率高低的影響，可以客觀的看待期望值。因此不論效用函數形式為期望效用理論或展望理論皆可適用。

神經生物學的證據顯示價值的計算並不是建構在各狀態的機

率與對應效用 (報償) 基礎上。事實上,大腦對機率的感覺或評估非常不擅長,研究發現大腦活動的數據顯示,其運作方式是將「預期報償」和「風險」分離編碼。預期報酬編碼的證據就是多巴胺系統。具體的證據為記錄到猴子面對隨機獎賞時,中腦的多巴胺神經元的活化 (Hollerman and Schultz, 1998)。仔細研究這些神經元的活動發現其是在反映預測報償的「誤差」,這些誤差成為一個簡單且靈活的強化學習演算法的關鍵成分,可擴展到更複雜且多元的情境下 (Montague et al., 1996; McClure et al., 2003; O'Doherty et al., 2003)。

除了預期報償之外,另一個要考慮的關鍵因素就是「風險」。具體而言,這回歸到對一個理想「學習率」的追求。理由很簡單,如果預期有較高的可能性犯錯 (也就是說風險比想像的還要高),則不應該輕易隨著每一次觀察到的獎賞起舞,也就是說,應該多試試不同的可能性,不要那麼快就鎖定在同一副牌 (請參考 IGT 的情境)。換言之,就應當降低學習率。將焦點盡量放在長期 (更多樣本) 的觀察上 (Yu and Dayan, 2005)。

貝倫斯 (Behrens) 等人2007年的研究認為人類可以調整自己的「學習率」來達到穩定的階段。除了最佳學習率,決策者的風險態度編碼也可以發揮作用。風險編碼實際上是生物體對風險的敏感度,即行為受風險影響的程度。令人驚訝的是,風險編碼在人類和其他靈長類動物的大腦的證據是具無庸置疑的。活動區域包括腦島 (insula)、前扣帶迴皮層 (anterior cingulate cortex, ACC) 和額下回

(inferior frontal gyrus, IFG) (Critchley et al., 2001; Paulus et al., 2003; Huettel et al., 2005)。此外，在簡單的金錢賭局，這些區域的活動似乎反映了報酬的變異數 (Preuschoff et al., 2006, 2008)。因此，變異數提供風險計算一個重要的參數。其他的風險相關參數如，偏度、峰度等證據都還不明確。在神經影像資料中研究偏度和峰度的可能編碼，讀者可參考巴厘等人的實驗結果 (Bali et al., 2009)。

關於腦島，讀者可能比較陌生，腦島是邊緣系統的一部分被包在外側裂之內，無法直接從完整的腦的外部觀察到。它與額葉，顳葉和頂葉的皮層相連通。前面提到的安東尼‧貝沙拉 (Antonie Bechara) 後來到南加州大學任教，接觸到一名中風患者。這名患者原本是一名老煙槍，從來沒有要戒煙。但中風後，他卻「忘記」自己的煙癮，沒有刻意戒除，也不再有抽煙的想法。此病例被送往研究機構登記，引起了貝沙拉的注意。貝沙拉受到啟發後，從中風個案中挑選了69名有抽煙習慣的患者。他發現，這些患者中有19人在中風時導致「腦島」損傷，19人中有13人中風後戒斷煙癮，這13人中又有12人是在出現腦損傷後一天之內成功戒煙。貝沙拉團隊表示腦島的作用把身體需求轉化為相對應的感覺，例如：冷、熱、痛、癢、渴等，有點類似感覺指令的「總部」，比如身體或大腦需要氧氣時，心跳加速時，就會讓你有緊張的感覺。如果是因為身體缺乏某一種物質引起的反應，腦島就會發出指令，讓你產生渴望這種物質的感覺，例如：尼古丁。

根據克雷格 (Craig) 的研究，腦島也和社會情感有關，如，喜

愛、厭惡、信任、榮譽感等。保盧斯 (Paulus) 認為腦島也反應即將到來的情境，例如：出門前往寒冷的戶外之前，腦島就已經影響血壓及新陳代謝的調節以因應寒冷的天氣。

對於風險的評估在多巴胺系統中，預期獎賞的訊號反應在神經活動上，實際上是預測錯誤，即預測誤差的變異數。具體而言，前腦島的活動與預測錯誤的風險有很強的相關性 (Preuschoff et al., 2008)。然而，有關的精確的神經生物學結構和風險學習的算法，科學家還在摸索中。目前我們已經知道大腦會對預測錯誤的風險編碼。

事實上，預測誤差編碼不一定能促使更準確的預測。所謂適應或熟能生巧，在相關的實驗環境應該是要讓受試者有跡可尋，對預測誤差的掌握將有助於預測。如果環境是完全隨機，每次的行為結果都是獨立的事件。大腦對預測錯誤的編碼仍然存在 (Fiorillo et al., 2003; Preuschoff et al., 2006)。例如，公益彩券的結果是完全隨機且獨立的，但仍有相當多的彩迷在追求與過去獎號有關的軌跡，希望能預測下期的號碼。

我們前面提過，生物有隨時計算評估價值的能力，所以如果實驗者告訴受試者，行為結果是完全隨機的獨立事件，而事實上卻是前後有關聯的非獨立事件，這種欺瞞受試者的實驗，受試者可能表現較佳，因為非獨立事件的資訊 (過去歷史資料有助於預測未來事件) 有可能被受試者學習且掌握。這是為什麼經濟實驗要禁止有欺瞞受試者的情境。

　　如前述，大腦對機率並不擅長，所以預測誤差的編碼對行為的影響，在獨立的實驗中，這個編碼反映受試者信念的更新。由於低機率的事件並不常見，因此也不容易用來更新其內在的信念，所以常常會有對低機率掌握不良的情形，例如，低估低機率事件 (Hertwig et al., 2004)。然而，有些情況反而會高估低機率，這要配合這個機率事件發生的後果及個體是否意識到後果，例如，發生空難或彩券頭獎的機率。這部分第4章會有更多的介紹。

　　風險編碼可以在學習上發揮作用並指導選擇，然而風險編碼應該是客觀的。在個別的情況下，風險趨、避或其承受能力應有所不同。試想，一個風險厭惡程度較高的人，他感知風險強烈，因此降低了學習的速度，也就是風險規避者對經驗的更新會更緩慢。相較於風險承受能力較高的人，就可能會因為過度避險而喪失好的機會。迄今為止，我們知道最後是由前腦彙整各區傳送的評估訊息做最後的決策。相關研究採用典型關聯分析法找出這些訊息來自於「腦島」、「腹側紋狀體」和「殼核」的活動，由此產生的「神經元」效用指標已經被識別出來 (Tobler et al., 2007; Bruguier et al., 2008)。

3.3 小結：選擇的矛盾

　　因為曾經擁有，才知道失去的痛！
　　正因為容易受傷，才害怕再受傷！

　　我迴避，因為不想改變現在的自己，我面對，因為已無路可退。

　　以上，可不是言情小說的浪漫開場白，而是我們試著去刻畫經濟學理性假設當中很難捕捉到卻真實存在的基於情感、感知的決策過程。當然，經濟學家把人類行為強烈假設為了一個完全的「理性人」，這樣的理性人不僅擁有理性，而且無論在何時、在何種情境下，都可以運用理性，根據成本和效益分析比較，進而做出效用極大化的利己決策。而實況是，一個人有時候很保守，有時很積極；有時很自私，有時很無我；有時自信滿滿；有時又猶豫不決，有時不做是怕將來會後悔；有時明知一定會後悔也要做。重點是：這都是同一個人！顯然，情境是一個因素，正所謂「此一時也，彼一時也」。

　　所以我們必須再放寬第二個假設：「假設其他情況不變」。根據上述的實況所述，其他情況是一直在變的，而且「有限理性」的人會隨著不同的情境改變自己的決策，但決策的品質可能不是追求效用極大化，而更可能的是在當時的情境下最符合自己的「心意」的決定！比方說美食當前卻也要顧及體重，股市投資是要「持盈保泰」亦或「加碼攤平」？這已經不是效用問題了，而是當時的心意為何？而這心意會不會又受到當時週遭的人的影響而有所不同？

　　我們必須承認，由於人類先天的心智結構，如認知能力、同理心、人格特質、以及後天的經由學習所累積的知識與記憶（基

模)、再加上對解讀訊息的選擇性與僵固性,已經使得人類的行為其實是不容易預測的。相同的動機可能付諸不同的行為;相同的行為可能基於不同的動機。此外,根據社會心理學理論 (Sociopsychological Theory) 人類和社會是緊密互動的,也直接承認他人對自己是有影響力的,比如說「給小費」,其實你已經吃完了,再多付錢也不會得到更多,可是你卻付了。為什麼?可能是因為你的女朋友在場,你希望她覺得你很大方,或,你對這家餐廳的服務很滿意,讓你覺得在這裡請客很有面子,或,你希望下次再來時可以得到相同甚至更好的服務。比方說「捐血」、「公益捐款」、「路見不平」,你不會知道你的貢獻是誰在受用,就算知道你也不會期望他將來會還給你,你甚至希望這些不幸的事情永遠不要發生在你身上!可是你卻做了,你覺得很安慰。所以,當撇開了效用極大、理性決策,以及容許情境的變化和人際互動影響後,人們的決策其實變得更加合理化了。

以上關於有限理性與不確定的相關效應的探討,普林斯頓大學的丹尼爾‧卡尼曼 (Dainiel Kahneman) 和史丹佛大學的愛默斯‧特沃斯基 (Amos Tversky) 二位教授所建立的展望理論 (Prospect Theory),也就是一般稱之為所謂的「行為經濟學」已在2002年獲得諾貝爾經濟學獎的殊榮,我們之後將在下一章沿著這個脈絡往下深入。

延伸閱讀

Bali, T. G., Demirtas, K. O., & Levy, H. (2009). Is there an intertemporal relation between downside risk and expected returns?. *Journal of Financial and Quantitative Analysis*, 44(4), 883.

Bechara, A., Damásio, H., Tranel, D., & Damásio, A. R. (1997). Deciding advantageously before knowing the advantageous strategy. *Science*, 275(5304), 1293-1295.

Bechara, A., Damásio, H., Tranel, D., & Damásio, A. R. (2005). The Iowa Gambling Task and the somatic marker hypothesis: some questions and answers. *Trends in Cognitive Sciences*, 9(4), 159-162.

Behrens, T. E., Woolrich, M. W., Walton, M. E., & Rushworth, M. F. (2007). Learning the value of information in an uncertain world. *Nature Nneuroscience*, 10(9), 1214-1221.

Bruguier, A., Preuschoff, K., Quartz, S., & Bossaerts, P. (2008). Investigating signal integration with canonical correlation analysis of fMRI brain activation data. *Neuroimage*, 41(1), 35-44.

Critchley, H. D., Mathias, C. J., & Dolan, R. J. (2001). Neural activity in the human brain relating to uncertainty and arousal during anticipation. *Neuron*, 29(2), 537-545.

De Martino, B., Strange, B. A., & Dolan, R. J. (2008). Noradrenergic neuromodulation of human attention for emotional and neutral stimuli. *Psychopharmacology*, 197(1), 127-136.

Diaconis, P., & Freedman, D. (1986). On the consistency of Bayes estimates. *The Annals of Statistics*, 1-26.

Dunn, B. D., Dalgleish, T., & Lawrence, A. D. (2006). The somatic marker hypothesis: A critical evaluation. *Neuroscience & Biobehavioral Reviews*, 30(2), 239-271.

Fiorillo, C. D., Tobler, P. N., & Schultz, W. (2003). Discrete coding of reward probability and uncertainty by dopamine neurons. *Science*, 299(5614), 1898-1902.

Ghirardato, P., Maccheroni, F., & Marinacci, M. (2004). Differentiating ambiguity and ambiguity attitude. *Journal of Economic Theory*, 118(2), 133-173.

Gomes, F. J. (2005). Portfolio Choice and Trading Volume with Loss - Averse Investors. *The Journal of Business*, 78(2), 675-706.

Hertwig, R., Barron, G., Weber, E. U., & Erev, I. (2004). Decisions from experience and the effect of rare events in risky choice. *Psychological Science*, 15(8), 534-539.

Hollerman, J. R., & Schultz, W. (1998). Dopamine neurons report an error in the temporal prediction of reward during learning. *Nature Neuroscience*, 1(4), 304-309.

Hsu, M., Bhatt, M., Adolphs, R., Tranel, D., & Camerer, C. F. (2005). Neural systems responding to degrees of uncertainty in human decision-making. *Science*, 310(5754), 1680-1683.

Huettel, S. A., Song, A. W., & McCarthy, G. (2005). Decisions under uncertainty: probabilistic context influences activation of prefrontal

and parietal cortices. *The Journal of Neuroscience*, 25(13), 3304-3311.

Huettel, S. A., Stowe, C. J., Gordon, E. M., Warner, B. T., & Platt, M. L. (2006). Neural signatures of economic preferences for risk and ambiguity. *Neuron*, 49(5), 765-775.

Kahneman, D., Wakker, P. P., & Sarin, R. (1997). Back to Bentham? Explorations of experienced utility. *The Quarterly Journal of Economics*, 112(2), 375-406.

Lauwereyns, J., Takikawa, Y., Kawagoe, R., Kobayashi, S., Koizumi, M., Coe, B., Sakagami, M., & Hikosaka, O. (2002). Feature-based anticipation of cues that predict reward in monkey caudate nucleus. *Neuron*, 33(3), 463-473.

Lucas Jr, R. E. (1976, December). *Econometric Policy Evaluation: A Critique*. In Carnegie-Rochester conference series on public policy (Vol. 1, pp. 19-46). North-Holland.

McClure, S. M., Daw, N. D., & Read Montague, P. (2003). A computational substrate for incentive salience. *Trends in Neurosciences*, 26(8), 423-428.

McFadden, D. (1974). Conditional Logit analysis of qualitative choice behavior. In: P. Zarembka (ed.), *Frontiers in Econometrics*. New York, NY: Academic Press, 105-142.

Montague, P. R., Dayan, P., & Sejnowski, T. J. (1996). A framework for mesencephalic dopamine systems based on predictive Hebbian learning. *The Journal of Neuroscience*, 16(5), 1936-1947.

O'Doherty, J. P., Dayan, P., Friston, K., Critchley, H., & Dolan, R. J. (2003). Temporal difference models and reward-related learning in the human brain. *Neuron*, 38(2), 329-337.

Paulus, M. P., Rogalsky, C., Simmons, A., Feinstein, J. S., & Stein, M. B. (2003). Increased activation in the right insula during risk-taking decision making is related to harm avoidance and neuroticism. *Neuroimage*, 19(4), 1439-1448.

Preuschoff, K., Bossaerts, P., & Quartz, S. R. (2006). Neural differentiation of expected reward and risk in human subcortical structures. *Neuron*, 51(3), 381-390.

Preuschoff, K., Quartz, S. R., & Bossaerts, P. (2008). Human insula activation reflects risk prediction errors as well as risk. *The Journal of Neuroscience*, 28(11), 2745-2752.

Segal, U. (1987). The Ellsberg paradox and risk aversion: An anticipated utility approach. *International Economic Review*, 28(1), 175-202.

Tobler, P. N., Fiorillo, C. D., & Schultz, W. (2005). Adaptive coding of reward value by dopamine neurons. *Science*, 307(5715), 1642-1645.

Tversky, A., & Kahneman, D. (1992). Advances in prospect theory: Cumulative representation of uncertainty. *Journal of Risk and Uncertainty*, 5(4), 297-323.

Yin, H. H., Ostlund, S. B., Knowlton, B. J., & Balleine, B. W. (2005). The role of the dorsomedial striatum in instrumental conditioning. *European Journal of Neuroscience*, 22(2), 513-523.

Yu, A. J., & Dayan, P. (2005). Uncertainty, neuromodulation, and attention. *Neuron*, 46(4), 681-692.

第*4*章 行為經濟學

17世紀的數學家布萊斯・帕斯卡 (Blaise Pascal) 以及皮埃爾・德・費馬 (Pierre de Fermat) 利用計算「期望值」的方法 (加總所有可能事件發生的機率乘以事件發生時獲得的報償) 來說明個體如何評價一場賭局的價值,並指明理性決策的個體會選擇期望值最高的賭局。而實際上「期望值」並沒有錯,但,卻無法真實反映賭徒對其所參與的賭局的評價,最庶民的例子就是彩券,絕大部分彩券的購買金額都超過期望值,很多明知不可為而為之的人還是希望無窮的買了。

另一個相反的例子是,尼古拉斯・伯努利 (Nicolas Bernoulli) 在1713年發現的「聖彼得堡悖論」(St. Petersburg paradox)。這個悖論來自於聖彼得堡彩券 (St. Petersburg Lottery),其內容是莊家提供一個賭局,賭局中由玩家來擲一枚公正的銅板,給獎的方式是根據玩家擲銅板的情形,第1次擲出正面,則彩金增加 \$1元,第2次再擲出正面,則彩金再增加前一次的雙倍,也就是 \$2元,以此類推,到「連續」第 n 次擲出正面時,彩金又會增加 2的 n 次方,也就是 \$$2^n$元,一直到擲出反面時獎金累計停止。玩家所獲得的獎金為之前累計的金額,例如,運氣好可以連擲10次正面,

那共可得 $1 + 2 + 4 + 8 + 16 + 32 + 64 + \cdots + 512 = 1023$。在新聞上看過廟會擲筊的讀者一定知道，要連擲10個聖筊，那是多麼困難。台灣的廟宇可以免費辦這樣的活動；但因為聖彼德堡彩券的莊家可沒那麼好，所以回到尼古拉斯‧伯努利的問題，他想知道這個賭局的參加費是多少？他的堂兄弟丹尼爾‧伯努利 (Daniel Bernoulli) 幫他計算出答案。答案是沒有人付得起參加費，因為參加費「無限大」。簡單說無論連擲幾次正面都有機率，莊家對每一個事件都願付機率的倒數，例如，連續 10 次正面的機率為 $1/2^{10}$ = 1/1024，而莊家願付 \$512元，所以兩者相乘後為 \$1/2 元，就是這個事件的期望報償，把所有的事件也就是最多擲到無限多次的正面相加後為無限多個 1/2 的加總，也就是「無限大」。而此悖論或矛盾在於沒有人會願意花「無限大」去玩一個沒有什麼希望的賭局，即使這就是賭局的公平價值。

不過話說回來，也沒有莊家敢提供聖彼德彩券，如果真的有人擲出連續20個正面，那莊家要付超過200萬的彩金。考克斯 (Cox) 等人在2007年以實驗的方式研究一個有限的聖彼德彩券，觀察大學生的接受程度。他們把彩券玩法改變了一下，變成最多擲9次，擲出正面後遊戲停止，然後支付獎金。各種可能的事件以及獎金的對照表如下：

彩券	正面首次出現於	機率	獎金	最多擲幾次	參加費	接受比例	彩券期望值
1	第 1 次	0.5	2	1	0.75	0.87	1
2	第 2 次	0.25	4	2	1.75	0.87	2
3	第 3 次	0.125	8	3	2.75	0.80	3
4	第 4 次	0.0625	16	4	3.75	0.63	4
5	第 5 次	0.03125	32	5	4.75	0.53	5
6	第 6 次	0.015625	64	6	5.75	0.43	6
7	第 7 次	0.007813	128	7	6.75	0.27	7
8	第 8 次	0.003906	256	8	7.75	0.20	8
9	第 9 次	0.001953	512	9	8.75	0.17	9
	都沒出現		0				

表4.1 有限次的聖彼德堡彩券

舉例來說，如果你選擇接受彩券5，則你最多可以擲5次銅板，若第1次就出現正面，遊戲結束，你可以得到2元；若第2次才出現正面，遊戲結束，你可以得到4元，以此類推，若到第5次才出現正面，則你可以得到32元。若前5次都沒有正面出現，很抱歉，獎金為0元。由表4.1，我們注意到倒數第2欄的接受比例，在彩券5以前都還有超過一半的同學願意參加，可是再往後彩券6之後就快速下降了。照理說這些彩券都是有利的彩券，因為期望值都大於參加費，是什麼因素造成大家的態度改變？

4.1 預期效用理論

公益彩券期望值低，購買人氣高；而原始的聖彼德彩券期望值無限大，卻沒人願意用合理的參加費來玩。可見得人們對 $100 元的感覺並不是單純等於 100 個 $1 元的感覺相加；而是非線性的，或者是機率小到某一個程度，人們就會選擇忽視。之後丹尼

爾‧伯努利首先處理人們對金錢的感覺並在 1738 年「Exposition of a New Theory on the Measurement of Risk」一文中首度提出了以效用 (utility) 的觀念來解釋「聖彼得堡悖論」，而馮紐曼 (von Neumann) 與摩根斯坦 (Morgenstern) 在1944年進一步引用此觀念提出「預期效用理論」(Expected Utility Theory)，此時這追求期望值最大的「理性典範」正式移轉到追求「預期效用」最大。預期效用理論仍然是以新古典學派的理性假設為基礎，意即：

1. 個體有能力取得並運用所有有助於決策的資訊。

2. 個體具備計算決策資訊的完美心智能力。

3. 可以用一個效用函數描述個體的偏好，即便面臨諸多選擇，其偏好一致。

4. 個體遵循效用最大化的原則。

換言之，預期效用理論中所謂的「理性個體」即如前面章節所陳述的不帶情感的「理性人」，有能力找出所有可行的方案，更有能力正確地評估所有可行的方案預期效用，並永遠選擇「預期效用」最大。「預期效用」理論迄今仍有重當重要的地位，與風險評估相關的重要理論，例如：保險精算、投資組合等，皆以此理論為基礎。但有血有肉的人是不太容易堅持上述原則的。

4.1.1 預期效用理論無法解釋的矛盾

1. 阿萊悖論 (Allais paradox)

1953年，法國經濟學家、諾貝爾經濟學獎得主莫里斯・阿萊 (Maurice Allais) 作了一個著名的實驗，對100人測試所設計的賭局：

賭局A：100%的機會得到100萬元。

賭局B：10%的機會得到500萬元，89%的機會得到100萬元，1%的機會什麼也得不到。

實驗結果：絕大多數人選擇A而不是B。即賭局A的期望值 (100萬元) 雖然小於賭局B的期望值 (139萬元)，但是A的效用值大於B的效用值，即：

1.00U(100萬) > 0.89U(100萬) + 0.01U(0) + 0.1U(500萬)。

隨後阿萊使用新賭局對這100人繼續進行測試：

賭局C：11%的機會得到100萬元，89%的機會得到零。

賭局D：10%的機會得到500萬元，90%的機會得到零。

實驗結果：絕大多數人選擇D而非C。即賭局C的期望值 (11萬元) 小於賭局D的期望值 (50萬元)，而且C的效用值也小於D的效用值，即：

0.89U(0) + 0.11U(100萬) < 0.9U(0) + 0.1U(500萬)。

而由上式移項：0.11U(100萬) < 0.01U(0) + 0.1U(500萬)

將不等式的左邊調整成：1.00U(100萬) - 0.89U(100萬) < 0.01U(0) + 0.1U(500萬)

再次移項：

1.00U(100萬) < 0.89U(100萬) + 0.01U(0) + 0.1U(500萬)

明顯的兩式「矛盾」，即所謂的阿萊悖論 (Allais paradox)：按照預期效用理論，風險厭惡者應該選擇A和C；而風險喜好者應該選擇B和D。然而，實驗中的大多數人選擇A和D，偏好悖離。

2. 埃爾斯伯格悖論 (Ellsberg paradox)

埃爾斯伯格 (Ellsberg) 1961 年提出，其情境為假設有一個不透明的箱子，裡面有 90顆球，其中30顆是藍色的，其餘60顆可能是紅色或黃色。現在有兩個賭局供你選擇：

賭局A：如果抽中藍球，獲得獎金 $100元。

賭局B：如果抽中紅球，獲得獎金 $100元。

就同一個箱子，現在另假設兩個賭局如下：

賭局C：如果抽中藍球或黃球，獲得獎金 $100元。

賭局D：如果抽中紅球或黃球，獲得獎金 $100元。

在賭局A和B，大部分人選擇A，多數的理由是A有1/3的機率，而選B時，有可能紅球的機率不到1/3，因為黃球可能比較多。在賭局C和D時，大部分人選擇D，多數的理由是選D確定有2/3的機率，而選C會擔心黃球太少。怎麼可能在同一個箱子，一下子認為黃球太多，一下子又認為黃球可能太少。

上述的悖論，是預期效用理論無法充分發揮的盲點，指出一個事實，從神經生物學的角度來看，可能說明了人們評價時使用

了一個以上的機制。(Dickhaut) 等人 2003 年指出，當選項中有確定的結果，而這個選項就容易脫穎而出。這解釋了阿萊悖論中的確定選項的吸引力，這稱為「確定性效應」(certainty effect)。面對不同的條件時，選擇背後可能同時啟動不同的機制共同配合，若有機制受損，例如：前腦區受損，則表現出來的行為有可能是怪異的，或者也可能可是意外冷靜的 (例如：杏仁核受損) 。我們之前介紹過達馬西奧他們的IGT實驗，有關情緒的反應可以用來解釋埃爾斯伯格的情形。他們的研究正是涉及到未知機率的作業，所以驅動人們對模糊的厭惡情緒，而這個情緒可能進而左右vmPFC的判斷能力，這則稱之為「模糊趨避」。

　　無論是確定性效應或模糊趨避，人類還有很多前後不一致的行為，赫伯特‧西蒙 (Herbert Simon) 1955 年從心理學的角度重新檢討新古典學派「完全理性」的假說，西蒙認為個體受到認知能力的限制，實際上是無法達到資訊完全的境界，當然更沒有完美的心智能力以計算預期效用最大！頂多達到個體滿意的 (satisfying) 決策而非最佳的 (optimal) 決策，偏好亦非永遠一致。也就是說，新古典學派「完全理性」的個體在真實的世界中是不存在的，此即為著名的「有限理性」(bounded rationality) 假說，這也呼應了當代神經經濟學所強調「情感」或情緒系統在決策中扮演著重要的角色。

4.2 展望理論 (Prospect Theory)

關於有限理性與不確定的相關效應的探討，史丹佛大學的特沃斯基和普林斯頓大學的卡尼曼所建立的展望理論 (Prospect Theory)，開啟了日後稱之為「行為經濟學」的學門。他們的研究和弗農‧史密斯 (Vernon Smith) 的實驗經濟學共同在 2002 年獲得諾貝爾經濟學獎的殊榮。

展望理論是探討人們在不確定的情境下是如何做出決策的？主要挑戰的是傳統文獻中的理性決策和實際情況悖離的現象，由卡尼曼和特沃斯基在1979年所共同提出，並在之後經過不斷的深入延續，目前已成一研究學門。其主軸一方面在一定的程度上傳承了既有的理論基礎：個體效用極大化的傾向，另一方面則提出：因為個體的有限理性，以及有限的認知能力和心理素質的限制，所以，人們並不完全如傳統理論所假設的，在每一種情境下都思維清晰冷靜、理性的算計風險得失。而事實上是，人們的選擇往往受到個人偏好、認知能力以及行為習性的影響，加上對於未來的決策存在著諸多的不確定性，決策顯得更加的無助。根據卡尼曼和特沃斯基的研究，歸納出下列特徵，讀者可以看看是否感同身受。

4.2.1 錨定效應 (anchoring effect)

決策參考點 (reference point) 決定了個體對風險的態度，卡尼曼和特沃斯基的研究指出，在這參考點上，個體更重視「預期與可能結果的差距」而不是結果本身。因此下意識選擇什麼樣的參考點則攸關最終的決策。卡尼曼在諾貝爾頒獎典禮的演講，特別提到芝加哥大學商學院奚愷元 (Christopher Hsee) 於1998年發表的研究成果。有兩杯冰淇淋，一杯冰淇淋有7盎司，裝在5盎司的杯子裡，看上去飽滿到快要溢出來了；另一杯冰淇淋是8盎司，但是裝在了10盎司的杯子裡，所以看上去還沒裝滿。你願意為哪一杯冰淇淋付較多的錢？如果你喜歡冰淇淋，那麼8盎司的冰淇淋比7盎司多，就算你喜歡杯子，那麼10盎司的杯子也比5盎司的大。但，實驗結果表明，在分別判斷的情況下，人們反而願意為份量少的冰淇淋付更多的錢：人們平均願意花2.26美元買7盎司的冰淇淋，卻只願意用1.66美元買8盎司的冰淇淋。

如圖4.1原點就是所謂的參考點，大於參考點代表利得，反之，小於參考點代表損失。如果上述冰淇淋的例子，參與的同學很可能把杯子當成是一個主要的參考。當冰淇淋快滿出來，代表一種利得，反之，則有損失感。我們剛才只看了參考點的左右。當有利得感時，對個人的價值增益為正相關，但增長幅度是逐漸減少，也就是所謂的邊際效用遞減的概念。而損失感對價值的減損卻是大幅的滑落，速度大約是利得感的兩倍，不過其絕對值也服從邊際遞減的概念。

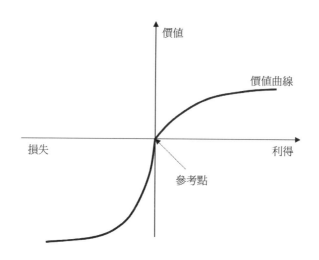

圖4.1 展望理論的價值函數曲線

　　這符合人們在做決策時，並不是去計算一個物品的真正價值 (理性決策)，而是用某種比較容易評價的線索來判斷。比如在冰淇淋實驗中，人們其實是根據冰淇淋到底滿不滿來決定支付的價錢。也正因為對於決策參考點有不同的認知的不確定性因素，所以由預期所引發的行為當然也不可能與理性決策完全相符。例如，個體在股市投資時，衡量效用的依據並非以最終的財富水準，而是以目前的損益狀態和預期未來股市行情的發展 (對應目前的行情是高檔或低檔) 來衡量下一步的損或益的可能，也就是先意識到一個決策參考點，再依此來決定對風險的態度，從而作出買進或賣出的決策。

4.2.2 損失趨避 (loss aversion)

卡尼曼和特沃斯基實驗發現，個體是保守的；是會做最壞打算的，如圖4.1大多數的情況下對預期損失的心理估計值會比預期收益的心理估計值高出約兩倍之多，在不確定的因素下，個體的行為偏好是由對財富的增加或減少的「幅度」來決定，而不是基於目前已擁有的「總數」來決定，所以個體對於損失的敏感度明顯高於收益，這種厭惡損失的現象稱作風險趨避。在現實生活中再來看一個奚愷元等人1999 年的餐具的實驗：有一間家具店正在清倉拍賣，你看到一組餐具，有8個盤子、8個碗和8個碟子，共24件，每件都是完好無缺的，那麼你願意支付多少錢買這套餐具？如果你看到另外一套餐具有40件，其中24件和上述完全相同，且完好無缺，另外這套餐具中還有8個杯子和8個托盤，其中2個杯子和7個托盤都已經有缺損。你願意為這套餐具付多少錢？結果表明，在分別判斷的情況下，人們願意為第一套餐具支付33美元，卻只願意為第二套餐具支付24美元，儘管第二套餐具比第一套多出了6個好的杯子和1個好的托盤。因為你沒有在看「總數」(24 比 31)，但整套餐具是完好無缺還是已經有缺損，卻是你在意的。

在損失厭惡的心結下，破損的餐具直接讓你反感，而且反感到忘了去理性計算。當然，此時點的決策是你還未涉入 (簡單說為對問題的關注程度)，正在決定是否要付諸於行動，任誰都會厭惡損失！可是當你涉入後，情況就會有所不同，特別是處於已蒙受損失的逆境時。有趣的是，當個體在已經虧損的情況下，反而會

成為一個禁的起損失；追求高風險高利潤的風險愛好者。如前所述「對預期效用的期望值與對期望值的預期效用的差距」作為決策依據時，賭輸搏大！在上一盤賭局中蒙受損失的人，會有更強烈的意願參加下一盤的賭局。當然，這愛好風險背後的真正原因也須歸咎於對損失的厭惡，也就是對財富「減幅」的敏感度。

損失厭惡經常被商家用來增加獲利，例如：滿千送百的活動。消費者常常為了得到這個「百」而多花了不少本不需購買的商品。為什麼呢？因為消費者把這個「百」想成損失，如果沒有拿到是一種損失。現在廠商愈玩愈大，門檻不斷的拉高，有的甚至滿萬送千。消費者有沒有辦法克服這種滿額的衝動呢？有的，需要換一個角度想，也就是原先損失的想法，換成「放棄的利得」，但我們還是無法太樂觀，因為當局者迷，旁觀者清，而無法自拔的人仍還是樂在其中。

4.2.3 以偏概全，對小機率的高估

只有當樣本數接近母體數時，樣本中事件發生的機率才會接近於母體中事件發生的機率。可是，卡尼曼和特沃斯基發現，當個體面對不確定的情況作預期的時候，經常會出現高估小機率的偏誤，他們通常會把小樣本中的機率分佈誤認為是母體的機率分布，這也因為個體是會做最壞打算的，所以會擴大解讀小樣本的代表性；對小機率過度加權而出現高估小機率的偏誤。最明顯的例子就是人們對飛機失事的恐懼遠遠超過對車禍意外事故的當心！

　　卡尼曼和特沃斯基將這種的現象稱作為「可得性偏誤」(availability bias)，某件事情讓人比較容易聯想的到，個體可能就因此誤以為這類事件經常發生，比方，每當有重大空難事件發生時，媒體都會大篇幅的連續性報導，嚇得你忘都忘不掉，害你每次坐飛機都會膽顫心驚；反之，如果某類事件不太容易讓人聯想的到，在人的記憶中的相關訊息既不豐富也不明確，個體就會在不自覺的情況下低估該類事件發生的機率。

4.2.4 選擇性的認知：框架效應 (framing effect)

　　有一個問卷調查實驗，假想太平洋上有一個小島遭受颱風襲擊，聯合國決定金援這個小島。情況一：假設這個小島上有1,000戶居民，90%居民的房屋都被颱風摧毀了。如果你是聯合國的官員，你認為聯合國應該金援多少？情況二：假設這個島上有18,000戶居民，其中有10%居民的房子被摧毀了，你又認為聯合國應該金援多少？從客觀的角度來看，後者的損失顯然更大。可是實驗的結果顯示，人們覺得在前面一種情況下，聯合國需要金援1,500萬美元，但在後面一種情況下，人們覺得聯合國只需要金援1,000萬美元。

　　顯然，我們大家都被那「90%的房屋被摧毀」給框住了，因此，卡尼曼和特沃斯基研究個體在不確定的條件下面對決策時，不僅考慮行為的預期效用，也會受到問題的呈現方式 (框架) 的影響，也就是說，問題以何種方式被表達、呈現在個體面前，在一

定程度上會影響個體對於風險的態度。舉例來說：假設1000位居民的太平洋小島發生了人傳人的傳染病，預計全島將無人能存活，現在科學家有兩個方案提供給人民表決：

方案1：2/3的機率600人可以存活，1/3的機率0人可以存活
方案2：100%確定可以有400人可以存活
如果你是島上的居民，你會怎麼選擇？現在又有新的方案提出

方案3：2/3的機率400人會死亡，1/3的機率1000人會死亡
方案4：100%確定有600人會死亡
在方案3與4，你將會如何選擇？

　　如果你選方案1與方案3或方案2與4，那恭喜你，你能跳出框架的限制，獨立判斷。若不是也不用擔心，至少你更認識自己，知道自己有可能受到不同的問題表達方式，而有不同的選擇。下次在選擇保險商品、投資決策時，可以多方思考，記得關鍵字「利得」與「損失」或「存活」與「死亡」。自己假想如果問題是另一種問法，你會如何選擇？再衡量你的選擇是不是真的自己想要的。

　　所以，當面對同樣「預期效用」的獲利是確定的與獲利存在不確定的風險，如果行動方案是獲利的，個體會選擇確定性獲利，意即呈現「風險趨避」！然而，面對同樣「預期效用」的虧損是確定的和虧損是存在不確定性，如果行動方案是代表有損失的，行為人會選擇冒險一搏，意即呈現「風險愛好」。因此，決策時行為選擇與行為環境之間存在著特定的關係。

4.3 稟賦效應 (endowment effect)

其實這也是參考點效應的一種，除了上述前景理論的重要內涵之外，理查‧泰勒 (Richard Thaler) 的實證研究所提出的稟賦效果也頗受關注 (Thaler, 1980, 1994, 2012)。泰勒認為人們常常會低估機會成本，一方面是因為這個「損失的選擇」並未真實發生而且親身感受，另一方面是因為自身的專注放在已發生的選擇上，而且，對於已經擁有的物品的評價還遠超過擁有之前。很直覺的，「這又不是我的」，當然就沒感覺；「這已經是我的了」，就成為稟賦。現在請各位回憶一下本書3.3節的浪漫開場白。

4.3.1 損失厭惡情結再談

傳統的經濟理論認為：人們為獲得某商品願意付出的價格和失去已經擁有的同樣的商品所要求的補償，之間「無差異」，即同一個個體不會因為身為「買家」或「賣家」的身份的不同而影響自己對商品的評價，但「稟賦效應」理論否定了這個觀點。泰勒1980 年提出的稟賦效應是指：當個人一旦擁有某項物品，那麼他對該物品價值的評價要比未曾擁有之前大大的增加。這種「損失厭惡」的現象可與展望理論相互呼應，個體在決策過程中對「利」、「害」的權衡其實是不均衡的，對「避害」的考量在實務上遠大於「趨利」。在理論上也認為，一定數量的損失給人們帶來的「效用降低」要多過相同的收益給人們帶來的「效用增加」，因此，由於對損失的恐懼，人們在賣商品時往往會索取過高的價格。

　　漢彌耶克 (Hammaek) 與布朗 (Brown) 在 1974 年發現：捕獵野鴨者願意平均每人支付 247 美元的費用以維持適合野鴨生存的濕地環境，但，若要他們放棄在這塊濕地捕獵野鴨，他們要求的賠償卻高達平均每人 1044 美元。稟賦效應的存在會導致買、賣雙方在心理價格上出現歧見與偏差，進而一併影響市場效率，接下來我們舉一個實際發生的實驗案例，卡尼曼等人在 1990 年做了一個試驗，他們取其中一組反差最明顯的作為範例，可以適切的觀察到稟賦效應及其影響程度。參加試驗的是44位大學生，隨機抽取其中的一半 (22) 的人，給他們馬克杯，抽中杯子的人可與其他人進行實物交易，其買、賣價格將由交易情況決定。接著撮合出市場成交價 (當買價≧賣價，則交易成功，以賣價列計成交價) 以及統計交易的數量，並及時公佈。參加試驗的學生可以按填寫的價格進行真實的交易，這個試驗重覆進行4次，其結果彙整如表4.2：

表4.2 各實驗的成交行情

實驗次數	交易量	成交價格	買價中位數	賣價中位數
1	4	4.25美元	2.75美元	5.25美元
2	1	4.75美元	2.25美元	5.25美元
3	2	4.50美元	2.25美元	5.25美元
4	2	4.25美元	2.25美元	5.25美元

　　很直觀的看待上述數據，其實買價的中間值 (即所謂的中位數，非平均值，以避免極端值的干擾) 是極有可能接近馬克杯真正的價值，也就是不帶任何「個人情感」的商品行情價，而其與賣價的中間值 (中位數) 的約3美元價差則可歸因為「稟賦效應」。原因

很簡單：因為是抽中的，而且不是每個人都抽的中。所以「我的好運氣」讓我擁有它，對賣方而言是佔有主觀評價上的權重。

　　根據上述實驗，我們了解稟賦效應及引起的「損失厭惡」，還可以解釋很多經濟活動中的現象：政府為了公共建設或是都市更新徵收土地、拆遷民宅，被拆遷的居民往往會覺得政府提供的補償太少，而與政府發生補償價格上的爭執，這也是稟賦效應的具體表現，居民失去自己的房屋，會要求比購買同樣的房屋願意支付的價格更多的賠償才會覺得滿意。這點在公共物品的補償要求中體現得更明顯，另一項調查表明，為種植行道樹，當地居民平均願意支付 $10.12 美元，而如果要砍伐行道樹，則要求的賠償平均為 $56.60 美元。

　　同理，投資股市時亦由於損失厭惡情結，股票的擁有者在承受股價下跌時，往往會變得比較願意承擔風險，變成風險偏好者。為了避免現在認賠而願意冒價格進一步下跌的風險繼續持有股票，希望有朝一日股價能重新上漲，房地產市場也有相同的損失厭惡情結。從而產生一種奇怪的現象：股票或房地產的價格愈低，其成交量反而愈低。

　　由於稟賦效應使人產生的「安於現狀」的心理，人們往往不願意順從外力 (時空環境) 而改變自己，在談判中堅決不讓步一向是既得利益者的表現，很典型的例子就是「工資僵固性」，有些人甚至寧可失業也不願意降低工資。另外的例子就是老公司往往比新公司表現的較無效率，這是因為新公司能夠在沒有前例的情

況下依其需求制定新制度，而老公司對原有的不合時宜的規章進行修改時，員工往往會覺得「被剝奪」而難以接受，甚至抗拒改革。在許多國營企業民營化的過程中類似情況屢見不鮮，給予適當的補償是緩解稟賦效應的必要成本。最近環保意識抬頭，很多老舊社區也希望能將公共區域的老舊燈具改換成節能燈具，但一聽到更換的成本極高就望而卻步了。有業者看到這個商機，跟社區簽約，承諾社區公共電費和過去水準一樣，幫社區節能改造後，省下的電費，可以讓業者回收成本，又可以再回饋社區，成功的決解人們的心結問題。

4.4 無法客觀公平的看待機率：機率權重函數

展望理論裡已經將財富相對變化的價值用價值函數來衡量，但仍與人們的行為結果有落差，原因可能在於「期望價值」並「不是」單純以「機率」為權重，而是由機率權重函數$w(p)$來表現，其代表人們對機率 p 的真實感覺。機率權重函數有兩個自然的參考點，當完全不可能發生時 $w(0) = 0$ 和完全確定會發生時 $w(1) = 1$應可以符合客觀條件。要澄清的是w不用解釋為主觀信念，而是一種對機率的感覺，例如：個人當然會相信公平硬幣出現正面的機率是$1/2$，但 $w(1/2) < 1/2$。

就好像價值函數掌握了對金錢的敏感性，在金錢數增加或減少時敏感性都會變小；而機率權重函數則是捕捉對不同機率的敏

感性變化。我們簡單說明一下機率權重函數的形狀，有興趣的讀者能參考特沃斯基和卡尼曼1992年的實驗及推導。特沃斯基和卡尼曼作了大規模的調查，利用受試者對於不同彩券的感覺試圖完整描繪出人們對機率的感覺。他們設計相當多的彩券，例如表4.3中，($100, 0.05)代表有5%的機率獲得$100元，95%的機率獲得0元。C($100, 0.05)表示持有這樣的彩券相當於收到多少確定的金額。他們為了讓受試者誠實做答，以隨機抽樣的方式抽出受試者回答的題目，例如：C($100, 0.05) 某一位受試者回答 $10元，以一個隨機出價者與該受試者競價，例如：隨機出價者出 $20，則受試者可以得到$10元的現金；若隨機出價者出價 $8元，則受試者獲得該彩券，並以彩券指定的機率來抽獎。

所以當你面對 C($100, 0.05) 這個問題就是在問你如果要放棄這張彩券，應給你多少確定的金額。若你回答太低則很容易失去這張彩券，若回答太高則很容易面對這個彩券的不確定。表4.3左上角C($100, 0.05) = $14為眾多受試者回答願接受的確定金額的「中位數」。而這張彩券的公平價值為 $5元，表示大部分的人在此時比較偏好持有彩券，為風險追求的態度。表4.3一共分類出兩種風險態度的四種型式，在風險追求時，最有可能發生在小機率利得與高機率損失時；而風險趨避則普遍發生在小機率損失與高機率利得時。特沃斯基和卡尼曼利用各種不同的機率與損失和利得的彩券搭配，找出人們的價值函數和機率權重函數的長像。如圖4.2是一個倒S型的曲線，當機率為0與機率為1時為確定的情形

沒有偏誤，而機率接近0.5時，大多數的人仍然傾向低估機率。換言之，擲銅板，正面得 $100 元，反面為 $0元時，大部分的人會要求較低的確定金額，例如：$45元。另外，如圖所示，對於高機率和低機率的低估和高估偏誤也都在此刻劃出來。

表4.3 四種風險態度的組合

4種組合	利得	損失
低機率	C($100, 0.05) = $14 傾向風險愛好	C(-$100, 0.05) = -$8 傾向風險趨避
高機率	C($100, 0.95) = $78 傾向風險趨避	C(-$100, 0.95) = -$84 傾向風險愛好

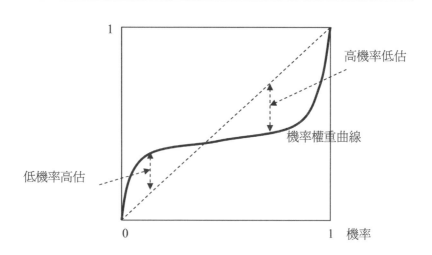

圖4.2 機率權重函數

4.5 小結

經由上述文獻的研究結果，我們可以有一個初步的結論：把大腦想像成一個立體的球體，球體愈外層愈後天愈理性，球體愈裡層愈先天愈情感。這不但呼應了前述的「雙系統」的運作模式，也符合人類演化的過程。試著想像一下：人們每天都面對著不確定，甚至在真實的世界裡幾乎沒有太多事情事確定的，那麼剩下的難題就是你有多少的時間可用於決策？若面臨的不確定不迫切無須立即回應，當然可以慢慢思量斟酌；但若面臨的不確定迫切又性命交關，甚至讓你恐懼，這個時候你就得憑直覺才能存活。而這個直覺不外乎就是特定的神經物質在特定的腦區傳遞訊號。現在，你還會認為害怕是不夠勇敢嗎？現在，你還會認為感情用事是不夠成熟嗎？

但我確定的是：你一定有損失厭惡情結！

延伸閱讀

Allais, M. (1953). Le comportement de l'homme rationnel devant le risque: Critique des postulats et axiomes de l'école Américaine. *Econometrica: Journal of the Econometric Society*, 503-546.

Bernoulli, D. (1738/1954). Exposition of a new theory on the measurement of risk. *Econometrica: Journal of the Econometric Society*, 23-36.

De Quervain, D. J. F., Fischbacher, U., Treyer, V., Schellhammer, M., Schnyder, U., Buck, A., & Fehr, E. (2004). The neural basis of altruistic punishment. *Science*.

Dickhaut, J., McCabe, K., Nagode, J. C., Rustichini, A., Smith, K., & Pardo, J. V. (2003). The impact of the certainty context on the process of choice. *Proceedings of the National Academy of Sciences*, 100(6), 3536-3541.

Ellsberg, D. (1961). Risk, ambiguity, and the Savage axioms. *The Quarterly Journal of Economics*, 643-669.

Fudenberg, D., & Levine, D. K. (2006). A dual-self model of impulse control. *The American Economic Review*, 1449-1476.

Kahneman, D. (2003). Maps of bounded rationality: Psychology for behavioral economics. *The American Economic Review*, 93(5), 1449-1475.

Kahneman, D. & Tversky, A. (1979). Prospect theory: An analysis of decision under risk. *Econometrica: Journal of the Econometric Society*, 263-291.

Kahneman, D. & Tversky, A. (1984). Choices, values, and frames. *American Psychologist*, 39(4), 341.

Kahneman, D., Knetsch, J. L., & Thaler, R. H. (1990). Experimental tests of the endowment effect and the Coase theorem. *Journal of Political Economy*, 1325-1348.

Knoch, D., Pascual-Leone, A., Meyer, K., Treyer, V., & Fehr, E. (2006). Diminishing reciprocal fairness by disrupting the right prefrontal cortex. *Science*, 314(5800), 829-832.

McClure, S. M., Li, J., Tomlin, D., Cypert, K. S., Montague, L. M., & Montague, P. R. (2004). Neural correlates of behavioral preference for culturally familiar drinks. *Neuron*, 44(2), 379-387.

Sanfey, A. G., Rilling, J. K., Aronson, J. A., Nystrom, L. E., & Cohen, J. D. (2003). The neural basis of economic decision-making in the ultimatum game. *Science*, 300(5626), 1755-1758.

Simon, H. A. (1955). A behavioral model of rational choice. *The Quarterly Journal of Economics*, 69(1), 99-118.

Simon, H. A. (1982). *Models of bounded rationality: Empirically Grounded Economic Reason* (Vol. 3). MIT press.

Thaler, R. (1980). Toward a positive theory of consumer choice. *Journal of Economic Behavior & Organization*, 1(1), 39-60.

Thaler, R. (2012). *The winner's curse: Paradoxes and Anomalies of Economic Life*. SimonandSchuster.com.

Thaler, R. H. (1994). *Quasi Rational Economics*. Russell Sage Foundation.

Tversky, A., & Kahneman, D. (1986). Rational choice and the framing of decisions. *Journal of Business*, S251-S278.

Tversky, A., & Kahneman, D. (1991). Loss aversion in riskless choice: A reference-dependent model. *The Quarterly Journal of Economics*, 106(4), 1039-1061.

Tversky, A., & Kahneman, D. (1992). Advances in prospect theory: Cumulative representation of uncertainty. *Journal of Risk and Uncertainty*, 5(4), 297-323.

Tversky, A., Kahneman, D., & Choice, R. (1981). The framing of decisions. *Science*, 211, 453-458.

Von Neumann, J., & Morgenstern, O. (1944/2007). *Theory of Games and Economic Behavior* (commemorative edition). Princeton university press.

第5章 時間偏好

　　每個受到激發的神經元觸發產生連鎖的效果，就好像是快速完成許多條路徑，分化多元的路徑最後提供反應的線索。反應出來的結果與搜尋引擎輸入關鍵字後得到的答案類似，並按照可能性排序。根據科技專欄作家德里克‧哈里斯 (Derrick Harris) 的報導[2]

　　"Researchers have simulated 1 second of real brain activity, on a network equivalent to 1 percent of an actual brain's neural network, using the world's fourth-fastest supercomputer. The results aren't revolutionary just yet, but they do hint at what will be possible as computing power increases."

　　科學界動用了世界上排名第四快的超級電腦，模擬人腦的活動歷時1秒鐘，相當於人腦1%的神經元活動，這暗示模擬大腦終將可能。

　　前幾章介紹了一些大腦的反應過程，有生理需求的反應，以及深思熟慮的策略，然而，大部分採取行動後效果通常當下就會實現，對於長遠的規劃，似乎需要更多的認知能力。我們視為理

---

2 http://gigaom.com/2013/08/02/simulating-1-second-of-real-brain-activity-takes-40-minutes-83k-processors/

所當然的反應，建立的心路歷程是很難想像的。本章要提出來的正好是我們不擅長也比較少有機會碰觸的過程，就是對「時間」的感覺以及決策。時間是很抽象的觀念，大部分的動物都是活在當下，人類可能是對時間較有感覺物種－過去、現在與未來－讓我們好像搭在奔馳的列車上，不斷的前進，我們可以緬懷過去，也可以計畫未來。如同都卜勒效應 (Doppler effect)，讓我們對即將到來的事件倍感壓力，而對於過去又感覺離我們好遠 (Jones & Huang, 1982; Neuhoff & McBeath, 1996)。

5.1 時間的代價

商業使用「利率」做為資金的借貸成本。這個概念也是隨時間慢慢演進而來的。最早開始有金屬貨幣時，人們為了解決存放的問題，開始求助於鐵匠，借用他的金庫來存放，換取一個憑據，以供隨時提取。漸漸的人們直接以憑據來做為交易的媒介。鐵匠發現存放者回來提取的機會不高，另一方面希望解決庫存的壓力，於是開始將資金借給有需要的人，起初並不收取利息。但後來隨著借貸者增加，必須決定借貸的優先順序，才開始收取利息。借錢支付利息，表示借貸者願意用比較高的代價取得「現在」支配貨幣 (資源) 的權利，同時也表示借貸者有評估將來現金流入的能力。

這個演變而來機制，隱藏了一個事實，那就是「時間偏

好」。過去的已經過去了，現在又受限於目前手中所擁有的，現在想多支配資源，不可能跟過去交換，只能求助於未來；反之，若希望未來能寬裕一些，現在就得緊縮一點。時間偏好就是經濟學家用來衡量前述交換動機的強弱。例如：莊子《齊物論》提到的「朝三暮四」與「朝四暮三」，偏好現在多消費的猴子，可能寧願「朝四暮三」或「及時行樂」；而喜歡將資源留在未來享用的人偏好則完全相反。

關於「及時行樂」的本性，其實普遍存在。想像有人今天早上跟你借了 $450元，他願意今天還你 $450，如果明天還你，他願還 $455，你會希望他今天還或者明天還？我們看看理查·泰勒 (Richard Thaler) 1981年的研究，他們對大學生作的問卷調查，如果現在還 $450會相當於在未來1個月 / 1年 / 10年要返還多少金額？問卷的結果顯示「應返還金額」的中位數，分別為 $600 / $1500 / $3000元，這隱含平均的年貼現率一個月期為345%，一年期為120%，而十年期為19%。回到之前的問題，但是如果歸還時間推移至三個月後歸還$450，與三個月加一天歸還$455。雖然遠低於你心裡的要求，我相信，你應會比較願意選擇多等一天，因為這多出來的一天，擺在較遠的未來，差異感幾乎完全消失。原因可能是那些帶給人不確定和不安的感覺已經沒有差異。

這個現象正反映出有相當長的一段時間，生物在環境中面對強烈的不確定性。即使處在現今社會的安定與法律的保障，我們仍然保有這樣的時間偏好。這種對靠近的時間有強烈想保本而對

未來又突然懂得求利的現象，可以大致以超雙曲線折現函數 (hyperbolic discounting function) 來描述 (Ainslie, 1975; Thaler, 1980)。如下式，

$$SV = \frac{1}{1+kD}$$

其中SV表示主觀評價 (subjective value), D為延遲的天數, k為與個體相關的特性參數 (Kable and Glimcher, 2007)。從這個函數的特性可以看出，隨著延遲天數增長主觀評價的價值愈低；較高的 k 則會使主觀評價更低，相反的 k 愈低，則會有機會抵銷延遲的價值下降。由於 k 會因個體而異，因此，愈有耐心的個體 k 就會愈小，可以容忍較長的延遲，相反的，愈及時行樂的個體 k 則愈大。在Kable and Glimcher (2007) 的實驗調查中，最有耐心的個體 $k = 0.0005$；最沒耐心的個體 $k = 0.1189$。

和上述經驗不同的，經濟學理論對於不同時間的價值是相當客觀的。理論實踐在商業運作上，輔以利率成為記帳的原則。所謂利率在此成為溝通不同時間價值的橋梁。一般來說，今天的$1元相較於一個月後的 $1元應該踏實多了。而忍受一個月後才能支配 $1元的代價就需要多一點利息補貼。反之若硬要將一個月後的 $1元拿來今天用，就需要打折，所謂折現 (discount) 的概念。不同的時間價值都可以用一個市場公認的利率來計算。

公認的利率，實際上是由市場決定的利率，也就是由市場供給與需求來達成的。在任何一利率下有人會想要多使用現金，就會去

市場借，同樣的，在此利率下也有人會想要賺取利息，就會多儲蓄。當資金提供與資金需求或儲蓄與借貸的金額差不時，市場均衡就達成。不會有人想要再多借貸或多儲蓄，公認的利率就達成了。

再想想，為何同一利率下有人借貸，而有人儲蓄呢？主要就是每個人主觀偏好不同。經濟學家稱此為時間偏好。今朝有酒今朝醉、及時行樂、與闖紅燈的人時間偏好較高，犧牲享受及期望未來可以有所回報、養兒防老及未雨綢繆則是時間偏好較低的人。以上的討論，我們可以把時間偏好當成及時行樂的「主觀」程度。而利率則是代表及時行樂的「客觀」代價，一個人會怎麼選擇？端看兩者的相對強弱。

經濟學家認為正常情況下，無論從什麼時點來看，兩者強弱應具有一致性。一個及時行樂的人除非利率高到他負擔不起，他不太可能變成未雨綢繆的人。事實真的是如此嗎？我們在前面討論的超雙曲線函數，則是在描述從現在開始往後的不同時間，人們對及時行樂的強度。離現在愈近愈強，然後以很快的速度隨著所考慮的時間點往後推移而下降，到了某一臨界點會低於指數的折現函數，也就是說在這一個時點來思考，突然覺得應該多為未來想想了。

圖5.1顯示兩種折現函數的不一致，假設市場「日利率」為7%，公認的價值折現函數為指數折現的型式，以日利率0.07作為折現的參數，所以$1元，往後遞延一天的價值為 $1 / (1 + 0.07) = $0.93元，往後遞延兩天為$1 / (1 + 0.07)^2 = $0.87元，以此類推為圖

中的紅色曲線。假設個人的超雙曲線折現參數 $k = 0.1$，所以往後遞延的價值為藍色曲線。我們可以看到差不多在遞延第11天時兩條曲線相交，11天之前感覺不到遞延的好處，價值折現遞減的特別快，錢最後都拿到現在來使用。而11天之後這種感覺變得和緩，相差個一兩天感覺差異不大，而且都比指數折現來得高，反應在考慮未來的前後期比較，會傾向會把錢留在將來使用。上面針對比較沒有耐心的人為例，若較有耐心，願意等待的人，會有更小的 k，其所生成的超雙曲線就會更平緩，也就會遞減的更慢。

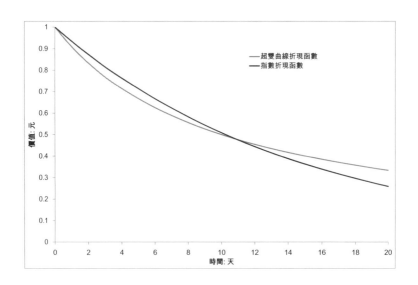

圖5.1：超雙曲線折現函數與指數折現函數

5.2 過度自信與情感預測誤差

記得小時候，國小附近有些文具店的外面，店家會擺一個彈珠台。回家經過看見同學在玩，且多半是輸錢。可是心裡卻想著一定是同學不夠聰明；而自己一定可以做得更好。殊不知一切早有定數，沒有人可以贏過店家的。想像當時如果有機器可以把自己的腦子掃瞄一下，一定能找到過度自信的區域。有許多人認為只要透過研讀市場資訊並做大量的分析功課，可以得到比市場更好的報酬表現。如果市場是一個財富移轉的零和遊戲。若吃虧的是過度自信的投資者，那是誰獲利呢？這個答案不難想像，有第一手資訊的投資人與極少數過度自信的投資人獲利。我們可以這樣思考，如果空有交易動機，卻沒有正確的資訊，進入市場投資就像亂槍打鳥般的隨機選擇，但還是會有人有機會剛好投資正確。此時，若有彼此交流投資心得的機會，沒有正確資訊卻獲利的過度自信的投資者，在無法歸因於自己的行為的情況下，只好誇大其能力才能解釋其獲利表現，殊不知這只是機率所致。

我們前面曾經談到金錢借貸的例子，借出者如果不願意等待，將只能拿回本金。他所考慮的因素包括他自己可能也需要資金、對借貸者信用的疑慮，最後才是時間偏好的大小。還有一種可能，就是當借貸者信用可靠，而你卻還不願意等待將來的孳息。那就表示你對自己太過有信心，認為自己能更妥善地使用這筆資金，其獲益超過利息收入。你甚至會去借貸，動用未來的資源。這種現象在學術上稱為過度自信。有趣的是，動用未來資源

也包括時間，所以延遲的現象，除了時間偏好在作祟，也有過度自信的成分在裡面。前者讓人有落袋為安的感覺，而後者則是更積極，認為自己能順利掌控資源的感覺。

　人們一向具有對未來的計畫能力，就好像下棋時，我們總希望能預想接下來的棋局發展，目的是要贏得最後的勝利。威爾遜 (Wilson) 與吉爾伯特 (Gilbert) 2008年指出人腦是一個超凡的模擬器，在當下能感覺到相當遠的將來。[3]只是人類常常忽略了自我的調適能力，不知道感覺會隨時間改變，因而高估了當下的感覺，自以為王子和公主從此過著幸福快樂的生活。這種現象在心理學上稱為「情感預測誤差」，也就是過度高估當下的感覺。偶像劇中當男女主角遭劈腿時，其中一方會開始質疑背叛者，你 (妳) 當初的用心、讓人感動的愛情是真的嗎？如果背叛者當時是真心的，此時心裡也一定該出現相當大的掙扎、衝突！當初當然是真心的，可是現在就是沒有當初的感覺，這可是在當時想也想不到的事，我也是千百個不願意啊！所以，預測誤差可能因此製造了這世界上所有的曠男怨女。

　那為何預測誤差無法避免呢？雖然動物會擔心沒有明天而短視近利，那人類呢？人類因預測誤差付出的代價除了上述會被冠上一個薄情的惡名之外，另外，就是造就了人類因循怠惰、苟且的惡習。這是怎麼一回事？一樣的是享受當下，把責任交給未來。今天墮落一下，有事明天再說！可是如果把今天該做的事往

---

3 http://www.ted.com/talks/dan_gilbert_asks_why_are_we_happy.html

後遞延，那就表示是在借用未來的資源。講到這裡，其實諸多重大議題如能源政策、碳排放、水資源、醫療保險、財政赤字、國土開發等，多多少少都和把責任交給未來、借用未來的資源脫不了關係，而要不要做？還是得跨出你心裡的門檻。

簡單的說就是「紀律」，男生當兵時在新訓中心最遵守紀律了，早晨五六點起床，跑個三千公尺，操個體能都不成問題。但是，誰退伍後還能保持這樣的紀律？上述的紀律為何當兵前後差那麼多？主要原因是被動的、被要求的、必須遵從的情境所致，看似紀律實際上是部隊例行運作下的常規。違反人好逸惡勞的天性，雖然有利於人，但是不易持續。同樣的，有些需要「付出」的有益活動，例如，減重、戒煙，有主動的誘因 (未來的健康)，但通常也只有三分鐘熱度 (對美食、尼古丁當下的效用)。

針對上述難解的症狀，有沒有合適的處方？答案是有的，學術上叫做承諾機制 (commitment device)。怎麼運作？例如我們想寫一本介紹神經經濟學的書已經很久了，如果只是想，大概永遠也不會動筆。只有承諾出版中心要在時限前交稿，那就構成一個驅動的力量。學校老師或公司主管也應善用這個機制，給一個明確的截止日，有助於事情運作順利。以貸款的方式投資不動產也是，強迫自己按時繳交本息，也等於是一種有效的儲蓄。這個承諾的機制在運作時有點像奧運的高台跳水，那個門檻或心理障礙是相當大的，然而，一旦進入這個過程並有成果時，那種收穫的成就感 (效用) 是更大的。比起沒有跨越門檻的人，他們可能只能

後悔了。寫到這裡，請你不要誤以為在看一本勵志的書，雖然真
的很勵志！

5.3 自我控制

關於節制目前消費以換取未來更多的資源支配權，其實從孩
時的個性就可以看出端倪。心理學家以4到5歲的兒童做為對象，
一次把一位兒童留在房間內，桌上有一罐糖果，並告訴小朋友
「這罐是你的糖果，如果你想吃可以打開來吃。我出去一下，如
果我回來時，你沒有吃糖，我會再給你一罐，到時你就會有兩罐
糖果。」接著你會看到小朋友坐立難安，有的在地上滾，有的把
自己的雙手壓在腳下，忍不住的就會打開來吃了。至於成功忍住
沒有動糖果的小朋友，渡過了一段煎熬的時間後總算有了代價，
第二罐糖果。這個研究往後10年，追蹤這些小朋友的在學表現以
及SAT成績，當時得兩罐糖的小朋友表現的顯著較佳，較有目
標、克制脾氣、抗壓性較高。

埃格斯蒂 (Eigsti) 報告了這些受試者的結果，有能力克制即時
消費的受試者自制力較高 (Eigsti et al., 2006)。回顧當時小朋友對
抗誘惑會使用各種轉移注意力的方法，其實就是在用外在的力量
幫助前腦對抗來自紋狀體的價值訊號，掙扎過程長大後將會直接
在前腦的模擬過程中展現，不需要再透過太多外在的動作。遞延
能力成為日後成就的重要因子，根據我們對大腦獎賞系統的理

解，當兒童看到唾手可得糖果，腦中的多巴胺獎賞系統已經啟動，路徑從第 2 章介紹的VTA或Sn到紋狀體，再由紋狀體的伏隔核到OFC及前額葉，透過這個路徑不斷釋放訊息到前額葉，要求快點採取行動，強烈的渴求 (craving) 對於小朋友真的是很大的挑戰。有能力抵抗誘惑的小朋友，其前額葉已經發展出踩煞車的機制，本來要去拿的動作被其他掙扎的動作取代抵消掉或抑制這個訊號。而無法抵抗的小朋友，訊息就會再傳送到運動皮質，開始伸手去拿糖果了。

普林斯頓大學的神經科學家山繆爾‧麥克盧爾 (Samuel McClure) 等人的研究確認這一個觀點 (McClure et al., 2004)，他們利用fMRI腦造影技術找了大學生當受試者，當受試者面對「馬上」取得價值$600元的購物禮卷與「一個月後」價值$700元的禮卷。他們發現大腦對不同時間的感覺作用在兩個神經系統，邊緣系統與前腦皆有所反應。這兩個系統分別作用在情感與認知上，當面臨不同時間點的決定，特別是「馬上」得到滿足的選擇時，就是兩個系統拔河的時候。如果問卷的時間改成，兩週後可以拿到價值 $700 元的禮卷與六週後可以得到$900元的禮卷。此時，邊緣系統就不如前一個問卷那麼的活躍，甚至不活躍，這時可想而知拔河的結果應該會比較有利於前腦。

麥克盧爾 (McClure) 2004 年發現選擇等待以得到較大回報的受試者，在中前額葉 (medial prefrontal cortex) 特別活躍。這個區域與高階的認知功能，如計劃與計算有關。他們的研究也支持有

些罪犯之所以會短視近利與前腦的大小有關。萊布森 (Laibson) 曾說過「根據情感，今天戒菸太痛苦了，但一個星期後是OK的。過了一星期後，又說，我知道我一週前答應要戒菸，但我仍然要再往後延。」這就是自我否定 (self-defeating) 或因循的典型態度。

從時間偏好出發的實驗顯示，人們在評價當前以及未來時，大腦的活化區域是有所不同的。當受試者被提示評價當前價值時，大腦的活化區域比較偏向「舊皮層」(ventral striatum, posterior cingulate cortex)；而當受試者被要求評價未來的價值時，大腦的活化區則以「新皮層」(medial prefrontal cortex, mPFC) 為主。這個代表什麼意義？回想一下第2章，中腦與立即滿足欲望的需求有關，相對的，前腦則與計畫、模擬或想像未來有關。前腦較發達的個體，反映出來的人格會比較冷靜，對生活會較有計畫和著眼未來的目標；而中腦較發達的個體則會較順從自己的感覺行事。

一般人在評價一件事情的效果時，除了受到外在提示的影響，更多的時候，都是依據自己的偏好獨立運作。有人衝動，有人喜歡犧牲享受以換取未來的效用。這個社會就是每個人的時間偏好互動下的現在進行式。

麻省理工學院的丹‧阿雷利 (Dan Ariely) 設計問卷要求受試者在一個月後拿到現金或是現在可以看清涼的圖片。受試者在fMRI在機器裡用按鈕回答，壓著按鈕可以避免清涼圖片出現並得到未來的現金。阿雷利改變現金的大小，當金額很小與高品質的

圖片，有較多人選擇圖片。而金額愈高，使得自我控制變得更容易。當受試者選擇未來的現金，前額葉與頂葉皮質有明顯的反應，因為前額葉要抵擋邊緣系統來的誘惑並命令頂葉的運動皮質緊緊地按住按鈕。

5.4 嫉妒還是羨慕

我們不僅看著過去的自己，期望未來的自己，也會看著別人，特別是同儕和自己的差別。嫉妒 (jealous/envy) 與羨慕 (admire)，前者有著酸溜溜的感覺，而後者則是真心的佩服。布袋戲中的經典角色黑白郎君有一句台詞「別人的失敗，就是我的快樂啦！」正由衷道出嫉妒的心理。說穿了就是與人比較，別人有的而我沒有，就會造成我的痛苦，相反的，就會像台詞所說的得到快樂感。

日本的研究學者高橋 (Takahashi) 等人作了這樣的研究，他們找了19名大學生，用敘述故事的方式，先請學生把自己設定成故事中一位平凡的主角。除了主角之外，故事中還有三個人物。甲與主角性別相同，人生的目標和歷程也相似，但成績優秀，家境富裕，又很受異性歡迎；乙與主角性別不同，雖然比主角優秀，但人生的目標和歷程並不相似；丙亦與主角性別不同，人生的歷程不同，且成績普通。研究人員請學生根據甲乙丙三位人物來排出嫉妒的程度，結果甲最高，乙次之，丙最低。他們以 fMRI 觀

察到當談到甲人物時，受試者的前扣帶迴皮層 (ACC) 最為活躍，而乙與丙則依序遞減。前扣帶回皮層是大腦處理身體疼痛感的區域，因此，嫉妒產生的痛反應，特別在那些與自己類似的人。

接著，研究人員繼續說第二階段的故事，之前的甲乙丙後來分別遭遇到不幸的事情。實驗觀察受試者的幸災樂禍程度，反應在腹側紋狀體，甲最高，乙次之，丙最低。腹側紋狀體不就是之前小朋友看到糖果的反應區嗎。因此，說明愈是嫉妒，愈是從對方的不幸中感到快樂。黑白郎君真是厲害啊！

經濟學家凱因斯 (Keynes) 曾經預測，隨著科技的進步將使得工作時間大幅縮減。同樣的，法國社會主義者保羅・拉法格 (Paul Lafargue)，1883年在《偷閒有理》(The Right To Be Lazy) 一文中表示：「機械將拯救人性，是將人類從勞動中解放的神，也是給予人類閒暇與自由的神。」英國作家奧斯卡・王爾德 (Oscar Wilde) 於 1891 年的《社會主義下人的靈魂》(The Soul of Man Under Socialism) 中提到：「機械應該要代替我們挖礦、清潔、操作蒸汽機、掃街和在雨天送信等乏味又令人討厭的工作。」美國哲學家兼發明家巴克明斯特・富勒 (Buckminster Fuller) 在 1963 年提到：「不到一百年，『勞工』這個詞將會失去意義，而且僅能在二十世紀的字典中找到。」

以上預言，在今天看來，人們的工作時間似乎沒有大幅度的減少。在本書的撰寫過程中，正好經歷國道計程收費即將施實，近千名收費員即將面臨失業的問題。在科技進步的過程中，工廠的機械

化、電腦的發明、電子記帳、甚至即將實現的無人駕駛技術，不斷的有人面臨被機器取代的命運，卻少有人因此被拯救。機械化，電腦化，與自動化等獲利的為機械的雇用者、提供機械運作的供應商與能源提供者，沒有資本與資源的一般人只能尋找其他的工作機會。社會財富的差異，讓人們從來不敢停下腳步，享受科技帶來的果實，擁有技術及機器的人仍然拼命的生產，有些地區生產過剩，導致浪費。失去工作的人，卻少有人能真正得到自由。他們並沒有從此過著閑雲野鶴的生活，而要面對失業、沒有收入和面子的問題。其中，面子的問題正是同儕之間帶來的壓力。

機器替代人力是必然的趨勢，但人腦是更珍貴的資源，上位者應發揮更多的心力規劃珍貴的人力資源，以及培養真正符合未來趨勢的人力。可惜，難就難在個人看不清楚未來的方向，領導人也不一定能看得更清楚。海耶克 (Hayak) 在1945年提到發揮市場機制能有效指導社會資源的運用，形成個人所無法達成的智慧。換言之，結合個人的經濟動機利用市場交易，幫助社會有效聚集資訊，形成有用的智慧，例如，許多大企業使用的創意市場 (idea market) 將是一個值得關注的趨勢 (童振源與葉家興，2013)。

5.5 小結

時間的洪流帶著我們不斷往前，當我們靜靜坐著閉上眼睛，感覺一切都相當平靜的同時，其實一切都在改變。刻畫在時間的維度上，不僅生命的活動，我們的地球就像一艘太空船，在大氣

嚴密的保護下，安然渡過宇宙中許多未知的空間。菲利普‧狄克 (Philip K. Dick) 的小說《關鍵報告》(Minority Report) 談到自由意志與決定論的議題。山姆‧哈利斯 (Sam Harris) 在《自由意志》書中開頭寫道：「自由意志是個幻覺。我們的意志根本不是我們塑造出來的。思想跟意圖都是出於我們並不自知的背後因素，我們也並未有意識地對這些因素加以控制。」而相容論者為自由意志多加了一些注解，例如，丹尼爾‧丹奈特 (Daniel Dennnett) 認為「一個人只要免於受到任何外在或內在衝動支配，這個人就是自由的」。透過本章，我們認識到自己的脆弱，知道自己有短視近利的衝動，愛面子且不甘服輸。 "It's in your nature to destroy yourselves." 「人類天生就有自我毀滅的傾向。」阿諾在電影《魔鬼終結者2》的對白。從腦科學的發現也許可以找出原因，例如，讓人無法自我控制的成癮問題、幼時就開始灌輸的觀念，可能讓人忠於虛構的偶像而不自知。另外對於犯罪的研究是否在腦的結構上有跡可尋，讀者可以參考阿哈隆尼 (Aharoni) 等人的討論 (Aharoni et al. 2013)。無論自由意志是否存在，人類是有能力或有機會覺醒以獲得真正自由的物種，而且不要忘了，我們的思想和行為都有可能改變大腦的連結，雖然有些過程緩慢，但是自我改變是可能的。

延伸閱讀

Ariely, D., Cohen, J. & Ericson, K. (2006). Implementing Self-Control. Poster presentation at the Society for Neuroeconomics 2006 annual meeting. Park City, Utah.

Aharoni, E., Vincent, G. M., Harenski, C. L., Calhoun, V. D., Sinnott-Armstrong, W., Gazzaniga, M. S., & Kiehl, K. A. (2013). Neuroprediction of future rearrest. *Proceedings of the National Academy of Sciences*, 110(15), 6223-6228.

Ainslie, G. (1975). Specious reward: a behavioral theory of impulsiveness and impulse control. *Psychological Bulletin*, 82(4), 463.

Eigsti, I. M., Zayas, V., Mischel, W., Shoda, Y., Ayduk, O., Dadlani, M. B., Davidson, M. C., Aber, J. L., & Casey, B. J. (2006). Predicting cognitive control from preschool to late adolescence and young adulthood. *Psychological Science*, 17(6), 478-484.

Hayek, F. A. (1945). The use of knowledge in society. *The American Economic Review*, 4(35), 519-530.

Harris, S. (2012). *Free will*. SimonandSchuster.com.

Henderson, M. 2006. Why Say No to Free Money? It's Neuroeconomics, Stupid. The Times, London: October 7.

Jones, B., & Huang, Y. L. (1982). Space-time dependencies in psychophysical judgment of extent and duration: Algebraic models of the tau and kappa effects. *Psychological Bulletin*, 91(1), 128.

Kable, J. W., & Glimcher, P. W. (2007). The neural correlates of subjective value during intertemporal choice. *Nature Neuroscience*, 10(12), 1625-1633.

Lafargue, P. (1907). *The Right to be Lazy: And Other Studies*. CH Kerr & Company. http://www.marxists.org/archive/lafargue/1883/lazy/

McClure, S. M., Laibson, D. I., Loewenstein, G., & Cohen, J. D. (2004). Separate neural systems value immediate and delayed monetary rewards. *Science*, 306(5695), 503-507.

Neuhoff, J. G., & McBeath, M. K. (1996). The Doppler illusion: The influence of dynamic intensity change on perceived pitch. *Journal of Experimental Psychology: Human Perception and Performance*, 22(4), 970.

Wilde, O., & Haldeman-Julius, E. (1919). The soul of man under socialism. AL Humphreys. http://www.marxists.org/reference/archive/wilde-oscar/soul-man/

Wilson, T. D., & Gilbert, D. T. (2008). Explaining away: A model of affective adaptation. *Perspectives on Psychological Science*, 3(5), 370-386.

Takahashi, H., Kato, M., Matsuura, M., Mobbs, D., Suhara, T., & Okubo, Y. (2009). When your gain is my pain and your pain is my gain: neural correlates of envy and schadenfreude. *Science*, 323(5916), 937-939.

Thaler, R. (1980). Toward a positive theory of consumer choice. *Journal of Economic Behavior & Organization*, 1(1), 39-60.

童振源與葉家興 (2013)。《未來事件交易簿：集體智慧的新平台與新典範》。台北：遠流出版社。

菲利普‧狄克著，嚴韻譯。《關鍵報告》。台北：一方出版。

第6章 賽局理論與神經經濟學

　　決策是我們腦中無數的神經細胞傳遞訊息所導致的突現 (emergent) 行為。因為我們必須要有自主的意識，才能夠根據訊息為自己做決策。然而，大部分的資訊只讓你有「朕知道了」的層次。至於要讓你有意識的下命令做出一些反應，通常還需要計算，通常大腦中的計算不用花太大的力氣就能得到結果，因為當攸關個體的存亡時，看到、聽到、感受到危險要跑，嗅到、看到飄香的美食物就會趨前，我們從之前的章節已經有概念大腦會計算「價值」提供個體做出的反應。根據目前我們對計算的理解，計算其實是一串變化的法則，他們組成資訊，伴隨狀態產生計算。所以大腦是「變化法則」、「資訊」與「計算」三者共同交織成的反應機制。

　　我們可以很快地感覺出空氣中有多少香甜的氣息，可以看出環境有多少危險的因子，可是一旦把這些資訊量化，變成數字，大部分的人反應反而開始遲鈍，甚至束手無策。賽局理論提供了神經經濟學很好的研究素材，「賽局」原文為 "Game"，就是遊戲，中文譯成「賽局」或「博奕」，其可以明確地表現個體的決策並可與結果相對應。舉一個例子，讀者馬上就能明白，「猜

拳」是我們常常用來解決問題的方法，只有「剪刀」、「石頭」、「布」三種策略，結果也很明確，通常要有兩個以上的決策者可以透過這個「遊戲」決定輸贏，雖然自己的左右手也可以玩，但試試看就知道。如果你覺得好玩，那表示你可能要去看精神科，因為在你的大腦中可能住著不同的決策者，而且彼此不認識也不知道對方的存在。因提出賽局理論獲得諾貝爾經濟學獎殊榮的約翰‧納許(John Nash)長期受到精神分裂的折磨，雖然有助於他用多元的觀點來看人與人之間策略的互動，但在生活上仍不免受到影響。

　　賽局將決策者的互動表達成賽局樹 (game tree)，簡單說就是各種可能的推演，其清楚定義每個決策者的行動順序、有哪些可行的行動、掌握什麼資訊、何時行動、以及個體之間如何互動、決定結果、改變彼此的利益。在經濟思想中，「非合作賽局」扮演重要的角色，其源自於19世紀晚期對不完全競爭市場研究，但到了1947年馮‧諾伊曼和摩根斯坦以及1950 年約翰‧納許的研究推論及證明，賽局理論才逐漸成形。著名的「Nash 均衡」即成為現代賽局理論的基礎形式。在1994年約翰‧哈薩義 (John Harsanyi) (1920 – 2000)、約翰‧納許 (John Nash) (1928 –), 和萊因哈德‧澤爾騰 (Reinhard Selten) (1930 –) 因為賽局理論的貢獻，共同獲得諾貝爾經濟學獎。

6.1 延展式賽局

一個人無法玩賽局，所以賽局必定涉及兩個以上的決策者。圖6.1描述兩個人的賽局，這是一個「完全訊息」的延展式賽局 (Kuhn, 1950)。該賽局包括「節點」和連接節點的「分支」，稱為賽局樹狀圖。節點 n_1-n_4 稱為決策「節點」 (decision nodes)，每個節點有連結的「分支」連接到下一個節點，沒有分支的節點 t_1-t_4 稱為「終端節點」(terminal nodes)。每個終端節點有一個報償向量 (payoff vector)。向量上的數字是依序表達每個決策者的報償。為方便起見分支標籤為L (左), R (右), 並以大寫字母表示決策者1的策略，小寫字母為決策者2的策略，Lr 表示前一個決策者選了 (L)，接者決策者2選擇 (r)。每個決策節點上方會標明該節點是由哪一個決策者來做決定，例如決策者1在 n_1 和 n_3 做決策，決策者2在 n_2 和 n_4 做決策。

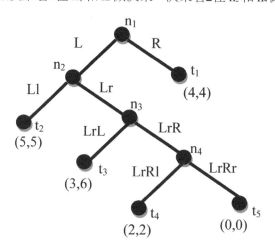

圖6.1 一個延展示賽局的範例

6.2 純策略Nash均衡

　　圖6.1的賽局從n_1開始到一個終端節點結束。例如 (L, Lr, LrL, LrRl) 是一個純策略集，依序表示每一個決策節點的策略，這個例子最後會結束在t_3。對於決策者 1 而言，假設 X 集合為他所有可行的純策略集合，則 X = {(L, LrL), (L, LrR), (R, LrL), (R, LrR)}，他的行為不會跳脫這個集合。同樣地，對於決策者2而言，我們可以定義 Y 集合，Y = {(Ll, LrRl), (Ll, LrRr), (Lr, LrRl), (Lr, LrRr)} 表示他所有純策略的集合。每組 (x, y) 成對策略表示兩個決策者從集合中實際採取的策略。假設決策者 1 在節點 1 與節點 3 的決策為 x' = (L, LrL) 和決策者 2 在節點 2 與節點4 的策略 y' = (Lr, LrRl)，此時 (x', y') 組合起來就構成 (L, Lr, LrL)，而當決策1為x" = (L, LrL) 和決策者 2 為 y" = (Lr, LrRr)時，(x", y") 組合起來也會構成 (L, Lr, LrL)，因為決策者 2 在節點 4 的決策，無論是 LrRl 或 LrRr 都不會影響最後的結果。對於決策者 1 和 2 的報償可以分別表示為 $P_1(x, y)$ 和 $P_2(x, y)$。例如，$P_1(x', y') = 3$ 和 $P_2(x', y') = 6$。

　　一個賽局的 Nash 均衡是一組策略 (x*, y*)，使得以下條件同時成立：

　　$P_1(x^*, y^*) \geqq P_1(x, y^*)$, x 為任一個在 X 集合中的策略　(6.1)

　　$P_2(x^*, y^*) \geqq P_2(x^*, y)$, y 為任一個在 Y 集合中的策略　(6.2)

　　從定義，假設有一組候選策略 (x', y') 不符合 Nash 均衡，在給定一個決策者的策略下，對任一個決策者，將可以有更好的策略選擇，也就是偏離原來的均衡。使以下任一個不等式為真：

$P_1(x, y') > P_1(x', y')$, x 為一個在 X 集合中的策略，

或

$P_2(x', y) > P_2(x', y')$, y 為一個在 Y 集合中的策略

因此，Nash 均衡策略是所有在賽局中的決策者都不想再改變策略的均衡。如果在方程式 (6.1) 和 (6.2) 的不等現象被替換為嚴格不等式，那我們稱 (x*, y*) 為嚴格 Nash 均衡 (strict Nash equilibrium)。

例如，x* = (L, LrR) 和 y* = (Ll, LrRl) 在圖 6.1 的賽局是一個 Nash 均衡。對於一個更一般的賽局有 m 個決策者，Nash 均衡為使 m 條聯立不等式成立的解。

對於圖 6.1 的賽局，我們共可以找出 6 個 Nash 均衡，包括 3 個混合策略。請參考圖 6.2，讀者可以看到，將兩個決策者的「所有可行策略」放在一個標準型的賽局中，表格中為兩人的報償分配，從前到後分別為決策者 1 到決策者 2。其中畫上「底線」的數字，表示在給定對手不變的策略下，自己最好的反應策略。當格子中，同時出現兩個底線，表示在這樣的策略組合下，兩個決策者同時都是最好的策略反應，也就是純策略下的 Nash 均衡。至於混合策略，則是採行策略不是 100% 確定的方式而是以機率來表示，我們稍後會再介紹。理論上，一個賽局可能有超過一個的 Nash 均衡，這使得預測人類行為的結果有更多的挑戰，引起理論和實驗的研究以追求更精確預測方法。

6.3 子賽局完美均衡

改良多元的 Nash 均衡的方法是由澤爾騰 1975 年發表的子賽局完美均衡 (subgame perfect equilibrium)，簡稱 SPE。電影關鍵下一秒中，尼可拉斯凱吉飾演的法蘭克‧凱迪拉克，有預知未來的能力，可以身歷其境的經歷接下來要發生的事情，因此可以比一般人更有能力趨吉避凶，他在片中對壞人說的一句話 "I've seen every possible ending here. None of them are good for you." 道出 SPE 的精神，因為法蘭克有預知能力，能看到所有可能的結果，並且有把握可以用「最佳」的策略來對抗壞人。當然，電影是誇張了一點；而澤爾騰的想法是建構在「完全資訊」及「有限的賽局」，換言之，如果決策者的行動是有先後順序的，澤爾騰只是假設可以看到未來，並沒有預知未來的意思。

SPE表現在延展式賽局，其特點是決策者沒有誘因背離到其他可能的均衡解。也就是說，SPE符合Nash均衡策略的條件。我們在圖6.1的賽局。注意每一個決策節點為首的子節點 n_2 - n_4 描述了數個子賽局。一組策略 (x*, y*) 滿足SPE也必然滿足Nash均衡，但反過來就不一定。所以SPE是Nash均衡解的改良或特例，也就是Nash均衡的子集合。舉例來說，x = (L, LrR) 和y = (Ll, LrRl) 同時是賽局的Nash均衡，因為當 n_3 開始的子賽局[(*, LrR), (*, LrRl)] 不是一個SPE，決策者1會嚴格偏好LrL。如果我們可以看到各種可能的結局，自然可以知道應該如何因應，在理論上可以透過逆推求解法找到所有的子賽局完全均衡，在圖6.1的例子中，子賽局

起始於 n_4 時，y* = (*, LrRl), 子賽局起始於 n_3 時, x* = (*, LrL)；子賽局起始於 n_2 時, y*=(Ll, LrRl)；最後x* = (R, LrL), y* = (Ll, LrRl) 是賽局起始於n_1的Nash均衡。透過庫恩 (Kuhn) 1953年的理論可證明每一個有限且完全資訊的延展賽局都有一個SPE。

6.4 標準型或策略型賽局

決策者2

		Ll, LrRl		Ll, LrRr		Lr, LrRl		Lr, LrRr	
決策者1	L, LrL	5	5	5	5	3	6	3	6
	L, LrR	5	5	5	5	2	2	0	0
	R, LrL	4	4	4	4	4	4	4	4
	R, LrR	4	4	4	4	4	4	4	4

圖6.2：標準型賽局範例

延展式賽局在圖6.2可以表示成一個標準型賽局，如圖所示。在標準型賽局，決策者必須從策略集合中選出一個策略。例如，決策者2有四種選擇，在圖6.2中的四欄，每一個選擇代表一個純策略。同樣地，決策者1有四列可以選擇。決策者們共同在4×4賽局中共同決定16個可能中的其中一個結果，每個結果為各別決策者選擇後的報償。

納許 (Nash) 均衡的解集合無論表現在標準型或延展式賽局是完全相同的。原因是Nash均衡是被定義在「可用策略」的項目上，強調的是策略執行的結果，與描述方式無關。

6.5 混合策略均衡

　　並不是每個賽局都有純策略的Nash均衡。這樣的難題可以在「剪刀、石頭、布」的例子中看出來，如圖6.3。在這個賽局，兩決策者都必須同時選擇石頭、剪刀、或布。當他們出拳後報償如下：如果他們都選擇一樣，那麼他們都得到0。如果出現「布」和「石頭」，那麼「布」獲勝且出「石頭」的人必須支付給出「布」的人$1。最後，如果是「石頭」和「剪刀」，那麼「石頭」獲勝且輸的人必須支付贏的人$1。我們無法找到Nash均衡，如果決策者1出「石頭」，那麼決策者2自然會想出「布」，但如果決策者2出「布」，決策者1則會偏好出「剪刀」，以此類推，結果為無止盡的循環或無解。但是，我們可以找到一個混合的Nash均衡，如果我們允許決策者1和決策者2選擇混合策略。

決策者2

		剪刀		石頭		布	
	剪刀	0	0	-1	1	1	-1
決策者1	石頭	1	-1	0	0	-1	1
	布	-1	1	1	-1	0	0

圖6.3：剪刀、石頭、布的標準型賽局

　　我們可以將決策者1和2的混和策略表示成選擇 X 和 Y 的機率分配個別為 p 和 q。因此，例如，決策者1玩一個特定策略 x 的概

率是 p。為了方便起見，我們可以假設決策者根據預期報償對特定策略的偏好有一個順序。因此，對於任何給定對手的 q' 之下，第 i 個決策者根據自己的 p 可以定義期望報償如下：

$$EP_i(p,q') = \sum_{x \in X} \sum_{y \in Y} p(x)q'(y)P_i(x,y)$$

原先的純策略 (x, y) 現在可以表示成混合策略的特例，例如，$p(x) = 1$ 和 $q(y) = 1$ 表示 100% 選擇 (x, y)。一個混合策略 Nash 均衡 p^*, q^* 定義為對於所有混合策略 p，可以找到一個 p^*，使得 $EP(p^*, q^*) \geq EP(p, q^*)$ 和對於所有混合策略 q，可以找到一個 q^*，使得 $EP(p^*, q^*) \geq EP(p^*, q)$。對於「剪刀、石頭、布」的賽局，有一個混合策略 Nash 均衡為 $p = (1/3, 1/3, 1/3)$ 和 $q = (1/3, 1/3, 1/3)$。

如果一個標準型賽局有 n 個決策者，每個決策者 i 有馮·諾伊曼-摩根斯坦 (von Neumann-Morgenstern) 的期望效用偏好，那們我們可以定義決策者 i 的混合策略為 p_i，我們可以定義其他 $n - 1$ 決策者的策略為 $p_{-i} = (p_1, \cdots, p_{i-1}, p_{i+1}, \cdots, p_n)$，和報償 $EP_i(p_i, p_{-i})$。我們將混合策略的 Nash 均衡定義成：

混合策略 p^* 為一個 Nash 均衡，若且為若對於每個決策者 i，混合策略 p_i 對於所有決策者 i 皆滿足 $EP_i(p_i^*, p_{-i}^*) \geq EP_i(p_i, p_{-i}^*)$。

6.6 不完全訊息賽局

哈薩義 1967 年開始處理不完全訊息賽局。圖 6.4 我們考慮一個簡化的信任賽局。這個賽局的策略內容為，決策者 1 可以選擇將

$20平分一半把 $10 交給決策者 2，自己保留一半，或將 $20 全部交給決策者 2。若是全數交付，在這種情況下 $20 將變成2倍成為 $40。再輪到決策者 2 來分配成果，決策者 2 可以選擇「合作」，返還給決策者 1，$15，留給自己 $25，或「背叛」，自己全數保有 $40，決策者 1 什麼都分不到。Nash 均衡是決策者 1在 n_1 選擇「均分」(R) 和決策者 2 在 n_2 選擇「背叛」(r)。也就是說，如果決策者 2 選擇最大化收益的策略，他應該選擇「背叛」(r)，決策者 1 看出這一點，因此決定不給決策者 2 選擇，選擇「均分」。

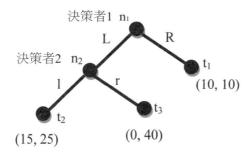

圖6.4：完全訊息下的信任賽局

上述的結果讓人感覺無奈，因為擔心背叛而失去更好的機會。事實上，人類已經進化出合作的傾向。例如，圖6.5，人們在「背叛」的時候可能會感到內疚。此外，假設一定程度的內疚感會減少決策者的最終報償 (比較真切的說法是效用)。低內疚感的人可能程度比較小 (G_L)，例如，會有5單位的損失感，而高內疚感的人可能有較高的損失感 (G_H)，例如，20。最後，我們假設決策

者2自知自己的內疚程度，但決策者1看不出決策者2的類型。我們可以表示這個不完全訊息賽局，如圖6.5。虛線表示決策者1的訊息集合，代表決策者1分不清楚決策者2的類型，因此，不確定是在 n_1 還是 n_3 做決策。

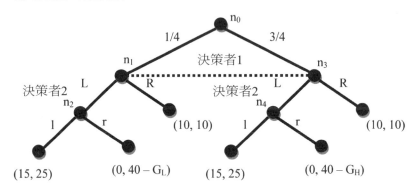

圖6.5：不完全訊息下的信任賽局

我們可以用貝氏 (Bayesian) 機率的概念來看，所以也稱作貝氏信任賽局。首先，起始節點 n_0，代表決策者2的類型分配。從 n_0 的分支，表示有1/4的機率向左，此時表示為遇到低內疚的決策者2；另外有3/4的機率向右，表示遇到的為高內疚決策者2。在這個賽局中，決策者1不知道他是在 n_1 或 n_3，他選擇L或R，會同時適用在 n_1 或 n_3。

現在我們可以定義此貝氏賽局的Nash均衡，以決策者的類型來定義。在這個信任賽局就會有三個決策者，分別為決策者1，低內疚決策者2與高內疚決策者2。在此賽局，我們可以找出4個Nash

均衡，但只有一個子賽局完美均衡 (SPE)。在決策者1總是信任決策者2的策略下，決策者1的預期收益為16.25 (= 1/4 × 0 + 3/4 × 15)。存在一個信念使決策者1達到損益平衡點與3/4的人會感到高度內疚有關。因此，我們看到樂觀的決策者將嘗試合作策略L，而悲觀的決策者則會選擇平分策略R。

訊息集合表達決策者在做決策時並不知之前決策者實際的行動，也可以想像成相當於和前一個決策者是同時做決策。而完全訊息賽局是一種特殊情況下的賽局，所有的信息集合都只有一個節點，可以想像決策者是依序在進行賽局，每一個決策者可以完全知道前手的行動。即所有的決策者都知道賽局路徑，輪到他們時，他們會怎樣做。

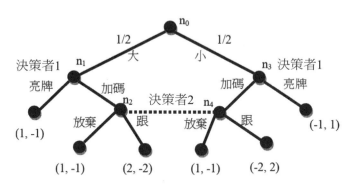

圖6.6：紙牌賽局

圖6.6 是一個典型的訊息不完全賽局。其表示一個簡單的紙牌賽局。兩個玩家皆先投入 \$1 的賭注。莊家 (n_0) 抽取一張牌給玩家1。該牌是大或小的機率各占 50%。在節點n_1或n_3，玩家 1 可以決定

是否「亮牌」，若是大牌，贏得 \$1 元，否則失去 \$1 元，或再「加碼」\$1 元。請注意，只有玩家 1 知道牌的大小，但玩家 2 並不知情，由於玩家 2 不知道牌的大小；因此，他的訊息集為 n_2 和 n_4。玩家 2 可以「放棄」直接輸掉 \$1 元或是「跟」再加碼 \$1 元，然後，玩家 1 亮牌，大牌玩家 1 全贏；反之，小牌玩家 2 全贏。

每天必經的路，哪裡有坑洞，哪裡有會有冷氣水滴下來，你應該很清楚，所以一個不完全訊息賽局如果決策者已經摸透所有狀況，簡單說就是機率已知，那就跟完全訊息沒有兩樣了。延展式賽局的決策者，遇到的訊息集合分配的特性都是獨立的，不會因為玩家 1 不亮牌，就代表會是小牌。這裡有一個概念，就是行為的結果會使最後的策略行動和完全訊息賽局下的結果沒有兩樣，可以想像為長期磨合的結果。

在紙牌賽局中，玩家 1 的行為策略是兩個獨立機率分配的混合{亮牌, 加碼}，而玩家 2 的行為策略，其機率分配在 { (放棄, 放棄), (放棄, 跟), (跟, 放棄), (跟, 跟) } 這個集合。玩家 1 在 Nash 均衡下行為策略如下：

P(加碼｜大牌) = 1, P(加碼｜小牌) = 1/3

P(亮牌｜大牌) = 0; P(亮牌｜小牌) = 2/3.

決策者 2 在 Nash 均衡下的策略為：

P(放棄) = 1/3, P(跟) = 2/3.

其中，P() 為機率函數，P(. | condition) 為在某條件 (condition) 成立下的條件機率。這樣的策略兩玩家的期望收益為：玩家1得 1/3，玩家 2

得 -1/3。為什麼是 1/3 和 2/3，這跟報酬 2 或 1 有關，有興趣的讀者可以試著根據我們介紹的原則或參考賽局理論的文獻求解。最後，因為這是一個有人賺就有人賠的零和賽局，所以玩家 1 的期望報酬是正的；玩家 2 就是負的。理由很直覺，因為玩家 1 多了一些資訊的價值。記得以後若有人找你玩這個遊戲，你該知道要當玩家 1。

6.7 顫抖手均衡 (trembling hand equilibrium)

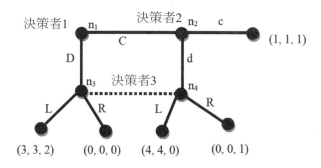

圖6.7：木馬賽局

最後我們再介紹一個有名的賽局，如圖 6.7。這是澤爾騰 1975 年的木馬賽局，沒錯看起來是像一個木馬。讀者如果求解此賽局，會發現兩個純策略的 Nash 均衡，分別為 (D, c, L) 與 (C, c, R)。其中，(D, c, L)，也就是決策者 1 選擇 (D)「下」，決策者 2 選擇 (c)「放棄」，決策者 3 選擇 (L)「左」。在 (D, c, L) 這個策略組合，決策者 2 並沒有機會真的採行策略，如果在給定決策者

1 的 (D) 和決策者 3 的 (L)，決策者應該會選擇 (d) 才會讓自己得到最大的報償 (因為4 > 1)，所以 (D, c, L) 這組策略，決策者 2 採行的 (c) 策略，似乎不太實際。「顫抖手」概念是一種「失誤」的概念，一般人所說的「手滑」。

我們就怕萬一很微小的機率發生，在澤爾騰的概念中為混合策略。而決策者 3 不知道自己是在 n_3 還是 n_4，如果他在 n_4 做決定，則他一定會偏好選 (R)「右」這個策略。所以現在的問題是有多少機率他是在 n_4 做決定? 如果按照原先的 Nash 均衡，決策者 2 一律都選 (c)，則決策者 3 可以肯定在 n_3 做決策，而安心的 100% 採取 (L) 的策略。此時，決策者 2 則會希望採取 (d) 的策略，因為萬一決策者 1選了 (C)，決策者 2 就撿到了 4 的報償。所以決策者 3 百分之百採取 (L) 這個策略似乎沒有辦法反應真實的情形。決策者 3 要讓決策者 2 的投機想法無利可圖或得不到好處，其選 (R)「右」的機率應該要大於 3/4，這樣才能抵消決策者 2 想選 (d)「下」的念頭。所以經過澤爾騰的均衡討論，再把 (C, c, R) 這個純策略的 Nash 均衡，縮小成(C, c, P(L) < 1/4) 或 (C, c, P(R) > 3/4)。

6.8 量子反應均衡 (quantal response equilibrium)

此模型由麥凱爾維 (McKelvey) 和帕爾弗里 (Palfrey) 在 1995 與 1998 年陸續所提出來的。有限理性的決策者不一定會選擇最佳策略 (如 Nash 均衡)，取而代之的是選擇「較佳」的策略，決策者

在做決策時依據的是每一個策略帶來的期望報酬或經驗值,然後根據 logistic 函數的轉換,$P_j = \exp(\lambda EU(s_j))/\Sigma_k \exp(\lambda EU(s_k))$,$P_j$ 表示 j 策略被選中的機率;$EU(s_j)$ 為 j 策略的期望報酬,$\Sigma_k \exp(\lambda EU(s_k))$ 為所有策略期望報酬取自然指數 $(\exp(\cdot))$ 後的總合。可以得到每一種策略的信念或強度,信念愈強,選擇的機會愈高。λ 為敏感度參數,不同策略的鑑別度依賴模型中的一個參數 λ,λ 愈大鑑別度愈強,當 $\lambda = 0$ 時,相當於每次都是隨機選一個策略,不論 λ 為何,策略的行使皆有可能會犯錯。互動過程中,每個人的 λ 值可能不盡相同,但這個模型歸納人類的一個簡單行為,愈嚴重的錯誤(或報酬愈低),犯錯的機率就愈小,同時,量子反應模型亦考慮對手也有可能犯錯的事實。

6.9 賽局實驗

介紹這麼多的賽局理論,是否真有實驗可以說明賽局跟人類行為的關係?經濟學家通常對於決策的心路歷程相當感興趣。例如,情緒以及認知能力在決策中的作用、不同類型的個體在群體中的比例。科學家有可能知道這些資訊嗎?換言之,召募大量的個體到腦造影實驗室作實驗,研究相對應的腦區活動量的差異與個體決策的關聯,甚至於預測可能的決策。答案當然是正面的,但回到現實生活,我們不太可能在與人互動之前或同時就能瞭解對手的腦區活動,然後來預測對手的反應,既使在今日也完全不可行。所以在本節中,我們的實驗設計,觀察表現在外的行為

面，對於內在的構成，或大腦神經的連結，腦造影的資訊，有興趣的讀者可以留意大腦神經科學界的發現，腦造影的資訊可以明確的告訴我們原來這個行為是因為大腦某個區域的激活所致，但請記得無論如何最後還是要落實到行為面。

6.9.1 實驗設計

賽局實驗的設計應有其目的，對於不同的設計，參與的受試者會有不同的感覺並有所反應。賽局實驗之所以有研究價值，在於實驗室可以控制環境，讓決策者受到其他影響因素降到最低。透過純淨的實驗環境歸納行為法則，對於真實世界亦有所貢獻，因為真實世界相當於是處在多重實驗室的條件下的環境，在分析上，是不同力量的綜合。

實驗設計背後都有中心思想或想要驗證的假設。當然設計上要考慮一些「行規」，賽局實驗已經累積相當多的經驗。感興趣的讀者可多加斟酌相關的文獻，例如, Roth and Kagel (1995), Friedman and Sunder (1994), Davis and Holt (1993), 與 Camerer (2003)。這些文獻提醒有心要從事經濟實驗的研究者一些必須留意的重點，簡要說明如下。

實驗「指導語」應以受試者可以明白的文字以「書面」提供給每一位參與者。實驗主持人宣讀指導語時，需要清楚且一致，甚至語氣也要注意，如果擔心這方面的問題，事先預錄實驗指導語也是一種做法，因為任何的輕微、不經意的動作都有可能傳遞

不同的訊息給受試者。用字遣詞也要注意，舉例而言，在形容受試者的對手時，使用「合作夥伴」與「配對者」將明顯的影響決策者的反應 (Houser, 2008)。

個體差異的問題，受試者可能在人格特質，金錢的價值觀，參與實驗的經驗有所不同，因此，需要透過隨機性的設計來「平均掉」或「緩和」這些影響，具體的做法，可以隨機分配受試者角色，根據統計學的大數法則，愈多的樣本愈能有效減少外在的影響。

匿名的設計，在實驗室裡，一人一機的設計已經是主流，受試者彼此不允許交談，專注與自己電腦前的對手互動。配合隨機和匿名的機制，受試者不知道與其相配對手的實際身分，消除參與者之間的勾結或實驗設計外的互動行為，可排除與實驗設計無關的因子。此外，隨機和匿名可以有效減少個體差異的影響。更具體的做法，通常會選定一群特定的群體來抽樣，如某大學的大學部學生，能更有效的達成。舉例而言，一場實驗中，如果參與者來自不同的社會階層，有社會精英，家庭主婦，還有一些學生，這樣的實驗將夾雜一些外在不可控制的因素，所以研究者應小心以對。

實驗經濟學的一個特性是顯著的「獎勵」，也就是金錢誘因，配合受試者在實驗中的表現而有所不同 (Smith, 1976)。在人們喜歡金錢愈多愈好的前提下，透過實驗代幣與貨幣的兌換關係。根據弗農‧史密斯 (Vernon Smith) 的誘導價值理論 (Induced Value Theory)，可有信心讓受試者認識賽局環境所隱含的經濟誘

因。誘導價值理論驗證了賽局理論的實驗。通常賽局的互動性讓受試者必須要考慮對手的可能策略,在彼此爾虞我詐,真真假假或虛或實的互動過程中,讓原本的自利動機,多了些許人性,經濟學家稱之為「社會偏好」。有時候人們會設身處地為他人著想,因此,常常有機會在「一次性」(one shot) 賽局中,也就是非重覆性的賽局找到合作的結果。這是單純「自利」動機的經濟代理人無法明白的奇蹟。

6.9.2 囚徒困境與公共財賽局

囚徒困境 (prisoner's dilemma) 和公共財賽局 (public goods games) 是用來研究「社會困境」(social dilemma) 時,自我利益與社會福利之間的衝突問題。例如,在一個典型的兩囚徒困境,每個囚徒 (決策者) 都可以選擇「合作」或「背叛」。兩個人的處境是對稱的,如果雙方決策者都選擇「合作」雙方的福利是最大的,都選擇「背叛」則會是最小的。然而,個別決策者的最大收入,發生在當他選擇「背叛」,對手選擇「合作」時。因此,這個賽局唯一的 Nash 均衡,為兩個決策者皆選擇「背叛」。

公共財賽局的結構亦很相似,但可以適用更多的決策者。在一個典型的公共財賽局裡,4 人一組的每個成員一開始分配 10 元的稟賦。同一組的成員需同時決定如何分配一開始的稟賦到兩個「賬戶」中,分別為私人帳戶和公共帳戶。私人帳戶每投入 $1 元就是 $1 元。而公共帳戶每投入 $1 元會變成 2 倍,然後再平分每

一個決策者的私人帳戶。因此，像囚徒困境一樣，如果成員都合作，把所有的稟賦都放到公共帳戶中，團體盈利最大化為 80 元，在這種情況下，4 個參與者將各獲得 \$20。但是，如果 3 個人分配 10 元到公共帳戶，有 1 個成員「搭便車」並將所有的稟賦放入自己的私人帳戶中，這位「搭便車」的成員將獲得 \$25，是最好的可能結果；而其他成員則獲得 \$15。就像囚徒困境一樣，Nash 均衡發生在每個受試者於公共帳戶為零的情況。

標準囚徒困境和公共財賽局在文獻上已經有相當多的討論 (Davis and Holt, 1993；Ledyard, 1995)。早期發現的現象為：在囚徒困境中，大約有一半左右的實驗出現合作的行為，與在公共財賽局中大約平均有一半的稟賦會進入「公共帳戶」。研究發現，當同樣的賽局重覆進行，合作的比例會減少，但數量通常仍高於零。這些研究說明合作是一個穩定存在的因素。從這些早期的賽局研究，讓經濟學家開始正視人的一些「心理」素質，例如，互惠性和利他主義所扮演的角色 (Geanakoplos et al., 1989)。

囚徒困境明確的為「社會偏好」理論中的關鍵提供了令人信服的證據。例如，Gunnthorsdottir等人 (2007) 從囚徒困境實驗的結果證明「利他互惠」主義是推動合作的重要因素。另外，囚徒困境提供了個人決策模式豐富的數據。例如囚徒困境的數據赤裸裸地揭示，個人的「類型」(Kurzban and Houser, 2005)，並強調個體差異與社會偏好理論的重要性。

6.9.3 協調賽局 (coordination games)

不像標準囚徒困境或公共財賽局，很多賽局可能有多重均衡，需要協調或默契。例如，一個簡單的 2 人，2 策略 (A 和 B 策略)。如果他們都選擇「A」或都選擇「B」表示「配對成功」，每個決策者將得到 $1 元；但如果他們的選擇不相符，則就沒有支付。在這種環境中，實驗的關鍵作用可以幫助發現特定均衡達成的相對可能性，以及何種環境特性，包括參與者的特性，對這種可能性的影響。

協調賽局的實驗可以在卡默勒 (Camerer) 2003 年書中的第 7 章找到更多的資訊。卡默勒提出了一些普遍觀察到的現象或學理上稱為「格式化事實」，包括：(1) 協調失敗是很常見的；(2) 重複賽局不一定收斂到柏拉圖效率，也就是說沒有辦法讓所有決策者同時增進福利；(3) 收斂的性質取決於提供給決策者的信息，以及決策者配對的方式；及 (4) 決策者是否能溝通以及溝通方式對結果亦有很大的影響。豪斯和蕭 2011 年的分析指出「溝通」在協調賽局中的關鍵角色。

6.10 擴展式賽局的實驗

6.10.1 最後通牒賽局 (ultimatum games)

　　最後通牒賽局最早由古斯 (Güth) 等人 1982 年提出，是一個簡單的，接受或拒絕的談判環境。在最後通牒實驗中，隨機且匿名配對兩個決策者，其中一個為提議者 (proposer)，另一個為回應者 (responder)，之所以叫最後通牒，就是遊戲只能玩一次，錯過就結束了。這個實驗一開始時會賦予提議者一筆現金，並提議把錢分給自己和他的回應者。回應者根據此提議，決定接受或拒絕這個提議。如果接受，則兩者分取提議者所分配的金額。如果拒絕，則提議者和回應者皆得不到任何現金。

　　最後通牒實驗的主要發現是，大多數提議提落在金額的 40% 和 50% 之間，而這種分配也幾乎都能被回應者接受。當提議降至 20% 時，約一半的情況下會被拒絕，當提議下降到 10% 或更低時，拒絕率更高。如同卡默勒 (Camerer , 2003 第 2 章) 所討論的，在不同的設計操作下，例如，重複進行、金額大小、匿名的程度、以及不同的人口統計變數，最後通牒賽局的結果仍非常穩健。

　　公平性的觀念並非牢不可破。霍夫曼 (Hoffman) 和史匹哲 (Spitzer) 1985 年 提出了一個重要的例外，指出當參與者為了競爭提議的權利時，當提議者的提議減少，回應者的拒絕率反而顯著下降。因為這時候即使是不公平的提議，回應者知道自己有機會

也可以成為提議者，會放下公平的觀念，盡可能去爭取任何微小的利益。換言之，這個程序改變受試者對「公平」的看法，而是從市場交易的觀點出發，考慮現在的吃虧做為之後有機會可能成為提議者代價。霍夫曼等人 1996 年後續的發現，進一步指出這些效果與匿名程度有關，也就是說如果彼此的身分是已知的，那行為又會再收斂一點 (公平一點)。

　　最後通牒賽局對於神經經濟學研究的貢獻在於理解為什麼回應者會「拒絕」低的提議。因為經濟理論強調在自利動機的基礎上，回應者應該接受任何「正」的提議。因此，提議者也應盡可能提供最小的正數。

　　如同我們之前介紹的最後通牒賽局，當回應者遭受到不公平對待時，雖然，當下「拒絕」會對自己不利，但仍有「拒絕」的動機。神經經濟學實驗針對這個原因作了探討。因為回應者若「接受」可以賺得到正的報酬，「拒絕」則什麼都沒有。「拒絕」這個損人不利己的行為一直困擾著經濟學家。我們回顧幾個開創性研究：由蕭 (Xiao) 和豪斯 (Houser) 2005 年的行為研究，山菲 (Sanfey) 等人在 2003 年的 fMRI 研究，以及諾奇 (Knoch) 2006 年的穿顱磁刺激 (TMS) 的研究。

　　蕭和豪斯研究情緒在處罰決策中的作用。有很多文獻顯示，當人類有感覺刺激時，擅於表達情緒 (Marshall, 1972)。蕭和豪斯的研究表明，表達負面情緒的慾望本身是懲罰 (要付出代價或成本) 的主要動機。

　　在蕭和豪斯進行的最後通牒賽局實驗中，研究「訊息傳遞」的影響，他們發現，標準的最後通牒賽局回應者的唯一策略只有「接受」或「拒絕」，特別是，提議者提供 4 美元 (總額的 20%) 或更低時，會有 60% 的比例會被拒絕。當回應者決定「接受」或「拒絕」提議者的提議時有機會傳送訊息給提議者時，回應者拒絕不公平的提供的情形顯著減少。統計顯示當回應者可以表達情感，則只有 32% 會拒絕不公平的提供。

　　蕭和豪斯對賽局中傳遞的訊息進行分析。在過程中參加者維持匿名，參與者在情感表達賽局中作決策。除了一位回應者默默接受 20% 以下提議，絕大多數的回應者都寫下了訊息，這些訊息皆為表達負面情緒。一種解釋是不滿時，有誘因懲罰，但懲罰要付出代價。因此，只要有較「便宜」的管道可用於表達負面情緒時，原始獲利最大化決策則不受影響。

　　山菲是最後通牒賽局的 fMRI 研究的先驅。在這項研究中，參與的回應者面對「人」或「電腦」的提議者，讓每個回應者面對完全公平 (一半一半) 和不公平的提議 (30% 到 10% 之間)。比較回應者面對「電腦」與「人類」在公平與不公平提議的反應，對照面對「電腦」時的情況，當面對「人類」的不公平提供時，腦造影顯示雙側「前腦島」、「前扣帶皮層」 (ACC)、「背外側前額葉皮層」 (DLPFC) 有較明顯的活動。這項發現提供大腦激活區域是由於「人類」的「不公平」所引起之證據。此外，山菲等人發現，「腦島」的激活與拒絕不公平的提議的傾向呈現正相關。

因為「腦島」對不愉快的情緒有反應 (Calder et al., 2001)，在最後通牒賽局中，這樣的證據，支持或證實「負面情緒」是構成拒絕決定的原因。

　　神經網絡於「拒絕」決定下的複雜性，從諾奇 (Knoch) 的研究結果突顯出來。他們使用重複的穿顱磁刺激 (repeated TMS, rTMS)，以干擾左側或右側的 DLPFC。他們發現，當回應者右側 DLPFC 被干擾時，對最不公平的提議 (20% 為本實驗中可以提供的最低比例) 之拒絕率只有 10%。另一方面，當左側 DLPFC 被干擾時，不公平提議的拒絕率為 50%，跟沒有干擾的情形接近。他們認為對於壓抑 (短期利益)衝動以維持自身的 (長期) 利益，右側的 DLPFC 扮演重要的角色，即決定付出懲罰代價之神經機制與右側前額葉皮質的反應有關。也就是說這個區域的功能展現出一種不為小利而出賣自己的氣節。

6.10.2 信任賽局 (trust games)

　　伯格 (Berg) 等人 1995 年成功執行了信任賽局實驗。兩個參與者是隨機且匿名地配對，一個為信託者 (trustor) 而另一個為受託者 (trustee)，進行一次性的賽局。兩個參與者一開始的稟賦都有 $10 美元。投資者可以送 $10 美元中的全部、部分、或零給受託者。信託者所送的金額會乘上 3 倍後再送到受託人手上。受託人觀察這筆金額，可以選擇將此金額中送全部、部分、或零返還給信託者。信託者送出的金額表現的是「信任」的程度；受託人返

還的金額表示的是「值得信任」的程度。伯格的研究指出平均而言信託者送出約稟賦的 50%，而受託者通常會返還送出的金額。返還金額比送出金額有更高的變異。事實上，伯格的實驗結果顯示有一半的受託人返還 $1 美元或更少的金額。

伯格的信任賽局或信任賽局的變化型式已被做了上千次的實驗，且為經濟學家提供信任和互惠方面的知識。信任賽局已經成為神經經濟學的典型範例。事實上，麥凱布 (McCabe) 等人 2001 年的研究成為經濟學首例的影像研究。

麥凱布結合心智理論 (TOM) 假設內側前額葉皮質，其先前已牽涉在 TOM 處理 (Baron-Cohen, 1995)，也調解合作的經濟交流。為了驗證這一假說，他們要求 fMRI 掃描儀中的受試者重覆進行一個變型的信任賽局，他在掃描儀之外的對手坐在電腦前操作。在此信任賽局的選項簡化成 2 選 1 (如圖6.4上)，信託者和受託者皆在「合作」或「背叛」的選項上選擇。如果掃描儀中的參與者對手為電腦，則電腦是根據一個已知的隨機分配策略，而掃描儀中的受試者在每場比賽前已被告知他們的對手是一個人或一台電腦。

這項研究共有 12 個受試者，當受試者與人類交流時，比和電腦交流時，其中有 7 個的行為是無條件合作。在這一組中，「內側前額葉區」被發現變得更活躍。另一方面，此組中的五個非合作夥伴，前額葉激活在人類和電腦條件之間沒有顯著差異。有趣的是由麥凱布定義的領域，TOM 成像研究很快在腦科學研究流行起來。

另一個有關信任賽局的研究是由狄魁文 (de Quervain) 等人

2004 年用正子斷層掃描 (PET) 完成。目的是提供懲罰的神經基礎證據，特別是瞭解，當懲罰對手背棄信任時，背側紋狀體激活的情形。為了評估這一點，一開始有兩位匿名的決策者，A 和 B，在 2 選 1 的信任賽局作決策。兩決策者開始時有 $10 元，且決策者 A 既可以透過給 B 所有的 $10 元表示信任，或什麼都不給表示不信任。如果 A 選擇了信任，那麼 $10 元會乘上 4 倍變成 $40 元到 B 手上，此時 B 就有 $50 元, 而 A 就沒有任何貨幣了。然後，輪到 B 選擇時可以返還給 A $25 元，或甚麼都不返還，並持有全部 $50 元。最後，隨著 B 的決定，A 可以透過 20 個處罰點數來選擇懲罰B。在處理上，A 施行的每一個點數自己會減少 1 元而 B 則會減少 $2 元。

為了評估懲罰的效果，信任賽局在不同條件下執行。實驗設計包括: (1) B 的返還是隨機決定，做為實驗的對照標準；(2) 在 B 的返還下，對A 而言處罰點數是免費且每一點可從 B 的收益中扣除 $2 元；(3) 在 B 的返還下，處罰點數只是象徵性的，即對 A 與 B 而言都是免費的。在這些實驗對照下，研究者可以有效的推論出，即背側紋狀體的活化與獎勵懲罰相關。此外，他們還發現，在這一區域有較強的激活的受試者會更不惜代價的去懲罰對手。

克魯格 (Krueger) 等人 2007 年在重覆的同夥伴且角色交替的信任賽局中，發現有兩種不同系統機制。從信任實驗前期，在前旁扣帶迴 (anterior paracingulate gyrus) 皮層系統有所激活，其在後續的試驗中會被大腦的其他區域活動抵銷掉。這些區域的活動被

解釋為「無條件信任」對方的表徵。另一個系統是前旁扣帶迴皮層早先沒有激活，而是後期才激活，顯示當誘惑愈大時，受試者顯示出不信任，這可以解釋為「有條件的信任」系統，信託者應習得當背叛的誘惑很高時，應避免完全相信受託者。

6.11 小結

關於決策的神經基礎 (Gold and Shadlen, 2007) 以及價值基礎的決策 (Glimcher et al., 2005)，認知神經科學已有相當的進展。主要來自於靈長類動物猴子的實驗中單一神經細胞的研究，假設神經元的反應可以用逐次機率比檢定 (sequential probability ratio test, SPRT) (Wald and Wolforwitz, 1948) 以統計篩選相互競爭的決策假設。利用此架構，可以解釋混合策略乃是肇因於神經元本身的噪音干擾 (Glimcher et al., 2005; Hayden and Platt, 2007)。然而，噪音本身是如何形成最佳的混合策略？仍然沒有答案。至於這種決策模型是否可以適用人類的賽局決策，我們只能先持保留的態度。

當個人看著一個延展式賽局，在思考如何選擇，他們當然是希望實現期望報償為目標。解決這個問題的其中一個方法為我們介紹過的強化式學習 (Sutton and Barto, 1998)，如同由量子反應均衡 (QRE) 所計算的賽局結果。大腦如果真的按照這種做法，其實是非常省力的，因為只涉及「目標導向」的大腦學習部位 (即腹側和背側紋狀體) 以及策略的編碼 (也就是思考，所以最有可能在前額葉皮層) 和各種可能收益的權衡 (例如，大腦的前運動區域和外

側頂內溝區或其他頂葉皮質區對預期效用值的評量) (Montague et al., 2006)。但是，這種做法所衍生的問題是：需要花較長的時間去學習到賽局的 QRE。因此，加速執行賽局決策的方法可能就是強化式學習，這個方法可以有效的取得相關的經驗值或初始狀態，以加入新的資訊以改進最初的策略選擇，並允許大腦適當地衡量資訊和更新目標，以便更快速的學習到最合適的決策 (Camerer and Ho, 1999; Erev and Roth, 1998)。

　　初始策略可能基於對報償的觀察，形成一組目標集合，此集合可以被理解為所有可能期望結果的集合。但，我們還不知道大腦能處理多大的目標集合。例如，在圖 6.1 的賽局，決策者 1 觀察 t_1 有 5 的報償和 t_2 有 4 的報償都可以當作他的目標集合，從這個初始報酬集合 {5, 4, 3, 2, 0} 來思考。圖 6.4 的賽局顯示，決策者1可能的報酬集合中 {15, 10, 0} 篩選出 {15, 10} 作為他的目標集合。決策者如何選擇與編輯他們的目標集合會隨時間而改變，這就是強化式學習的關鍵特徵。例如，人們有更大可能納入較高的報償結果做為他們最初的目標組合嗎？

　　在擬定目標集合之後，決策者的目的是找出能達到期望目標的路徑。由於每個終端節點都可以對應到一條路徑，因此，這種 1 對 1 的函數關係可以把目標集合 G 與賽局路徑集合 P 對應起來。找到有一組「關鍵的」決策節點集合而有助於決策者達成目標報償。例如，圖 6.1 和 6.4，決策者 1 的關鍵節點 n_1。然而在關鍵節點中，若決策者作出承諾 (放棄選擇可以得到確定報償的策

略) 著眼於更有義意的目標子集合？未來研究的目標是希望能找出大腦衡量這些路徑的證據，以及隨著對手反應後的改變機制。

　　誰有權利可以把賽局結果導向 t_2，以及其動機為何？舉例來說，圖 6.1 中決策者 2 控制節點 n_2，跟 t_2 的 \$5 比起來，更偏好 t_3 的結果 \$6。如果真的很有可能發生這種情況，那麼決策者 1 一開始就不要給決策者 2 選擇的機會，可以直接選擇 R 而得到 \$4。然而，決策者 1 可能想去嘗試設身處地去思考決策者 2 的想法，思考決策者 2 可能會在節點 n_2 反應。決策者 1 也會推理，決策者2將看到企圖嘗試 t_4 會有風險，因為決策者 1 控制節點 n_3。但是，為什麼會有風險？一個簡單的想法是，當決策者 1 已經冒險嘗試得到 \$5，而決策者2若試圖得到 \$6，決策者 1 會做出懲罰 (這是情感上的)。請注意，懲罰有兩個要素來決定，一為雙方應該都已經意識到決策者 1 已冒險做出決策，希望得到 \$5，意即，決策者 2 可以「同理」決策者 1 的情感承諾並將給予以懲罰。

　　決策者在關鍵節點向前推導 (forward induction) 評估他們的對手，如同圖 6.5 貝氏信任賽局中不同型態的對手在人口中的比例。像這樣的例子，人類很快的可以類比不同條件下的先驗值，並改變決策者所在賽局中的信念或權重。例如，一個台北的同學在台北執行信任賽局，與在高雄執行信任賽局，在思考對手的態度時理應有所不同。當賽局結果揭曉，決策者會再重新評估，並更新強化學習的參數 (相對而言這是比較緩慢的學習過程) 或透過直接的情緒反應，如腦島所產生的反應，快速產生情緒性的報復回應。

延伸閱讀

Baron-Cohen, S. (1997). *Mindblindness: An Essay on Autism and Theory of Mind*. MIT press.

Berg, J., Dickhaut, J., & McCabe, K. (1995). Trust, reciprocity, and social history. *Games and Economic Behavior*, 10(1), 122-142.

Calder, A. J., Lawrence, A. D., & Young, A. W. (2001). Neuropsychology of fear and loathing. *Nature Reviews Neuroscience*, 2(5), 352-363.

Camerer, C. (2003). *Behavioral Game Theory: Experiments in Strategic Interaction*. Princeton University Press.

Camerer, C., & Hua Ho, T. (1999). Experience-weighted Attraction Learning in Normal Form Games. *Econometrica*, 67(4), 827-874.

Davis, D. D. (1993). *Experimental Economics*. Princeton University Press.

De Quervain, D. J. F., Fischbacher, U., Treyer, V., Schellhammer, M., Schnyder, U., Buck, A., & Fehr, E. (2004). The neural basis of altruistic punishment. *Science*.

Erev, I., & Roth, A. E. (1998). Predicting how people play games: Reinforcement learning in experimental games with unique, mixed strategy equilibria. *American Economic Review*, 848-881.

Friedman, D. (1994). *Experimental Methods: A Primer for Economists*. Cambridge University Press.

Geanakoplos, J., Pearce, D., & Stacchetti, E. (1989). Psychological games and sequential rationality. *Games and Economic Behavior*, 1(1),

60-79.

Glimcher, P. W., Dorris, M. C., & Bayer, H. M. (2005). Physiological utility theory and the neuroeconomics of choice. *Games and Economic Behavior*, 52(2), 213-256.

Gold, J. I., & Shadlen, M. N. (2007). The neural basis of decision making. *Annu. Rev. Neurosci.*, 30, 535-574.

Gunnthorsdottir, A., Houser, D., & McCabe, K. (2007). Disposition, history and contributions in public goods experiments. *Journal of Economic Behavior & Organization*, 62(2), 304-315.

Güth, W., Schmittberger, R., & Schwarze, B. (1982). An experimental analysis of ultimatum bargaining. *Journal of Economic Behavior & Organization*, 3(4), 367-388.

Harsanyi, J. C. (1967/68). Games with Incomplete Information Played by "Bayesian" Players, Parts I, II and III. *Management Science*, 14, 159-182, 320-334, 486-502.

Hayden, B. Y., & Platt, M. L. (2007). Temporal discounting predicts risk sensitivity in rhesus macaques. *Current Biology*, 17(1), 49-53.

Henrich, J. (2004). Cultural group selection, coevolutionary processes and large-scale cooperation. *Journal of Economic Behavior & Organization*, 53(1), 3-35.

Hoffman, E., & Spitzer, M. L. (1985). Entitlements, rights, and fairness: An experimental examination of subjects' concepts of distributive justice. *J. Legal Stud.*, 14, 259.

Hoffman, E., McCabe, K., & Smith, V. L. (1996). Social distance and other-regarding behavior in dictator games. *The American Economic Review*, 86(3), 653-660.

Houser, D. (2008). *Experiments and Econometrics. The New Palgrave Dictionary of Economics*, Second Edition,. London: Macmillan.

Houser, D., & Xiao, E. (2011). Classification of natural language messages using a coordination game. *Experimental Economics*, 14(1), 1-14.

Knoch, D., Pascual-Leone, A., Meyer, K., Treyer, V., & Fehr, E. (2006). Diminishing reciprocal fairness by disrupting the right prefrontal cortex. *Science*, 314(5800), 829-832.

Krueger, F., McCabe, K., Moll, J., Kriegeskorte, N., Zahn, R., Strenziok, M., Heinecke, A., & Grafman, J. (2007). Neural correlates of trust. *Proceedings of the National Academy of Sciences*, 104(50), 20084-20089.

Kuhn, H. W. (1950). Extensive games. *Proceedings of the National Academy of Sciences of the United States of America*, 36(10), 570-576.

Kurzban, R., & Houser, D. (2005). Experiments investigating cooperative types in humans: A complement to evolutionary theory and simulations. *Proceedings of the National Academy of Sciences of the United States of America*, 102(5), 1803-1807.

Ledyard, J. (1995). Public goods: a survey of experimental research, in J.H. Kagel and A.E. Roth (eds.) *The Handbook of Experimental Economics*. Princeton: Princeton University Press, 111-194.

Marshall, J. R. (1972). The expression of feelings. *Archives of General Psychiatry*, 27(6), 786.

McCabe, K., Houser, D., Ryan, L., Smith, V., & Trouard, T. (2001). A functional imaging study of cooperation in two-person reciprocal exchange. *Proceedings of the National Academy of Sciences*, 98(20), 11832-11835.

McKelvey, R. D., & Palfrey, T. R. (1995). Quantal response equilibria for normal form games. *Games and Economic Behavior*, 10(1), 6-38.

McKelvey, R. D., & Palfrey, T. R. (1998). Quantal response equilibria for extensive form games. *Experimental Economics*, 1(1), 9-41.

Montague, P. R., King-Casas, B., & Cohen, J. D. (2006). Imaging valuation models in human choice. *Annu. Rev. Neurosci.*, 29, 417-448.

Roth, A. E., & Kagel, J. H. (1995). *The Handbook of Experimental Economics* (Vol. 1). Princeton: Princeton university press.

Sanfey, A. G., Rilling, J. K., Aronson, J. A., Nystrom, L. E., & Cohen, J. D. (2003). The neural basis of economic decision-making in the ultimatum game. *Science*, 300(5626), 1755-1758.

Selten, R. (1975). Reexamination of the perfectness concept for equilibrium points in extensive games. *International Journal of Game Theory*, 4(1), 25-55.

Smith, V. L. (1976). Experimental economics: Induced value theory. *The American Economic Review*, 66(2), 274-279.

Sutton, R. S., & Barto, A. G. (1998). *Reinforcement Learning: An Introduction* (Vol. 1, No. 1). Cambridge: MIT press.

Wald, A., & Wolfowitz, J. (1948). Optimum character of the sequential probability ratio test. *The Annals of Mathematical Statistics*, 19(3), 326-339.

Xiao, E., & Houser, D. (2005). Emotion expression in human punishment behavior. *Proceedings of the National Academy of Sciences of the United States of America*, 102(20), 7398-7401.

第7章 社會偏好

「想像」一下：你的腦子能幫你幹麻？

沒錯，就是現在用你的大腦「想像」一下！

除了你所「認知」的「思考」，

以及前面章節所提到的「學習」、「記憶」之外？

你的腦子還能幫你幹麻？而在你給我答案之前，它現在是不是正在「想像」？而想像彷彿就是一種抽象思維的能力，以現有的、片面的、不完整的、不確定的資訊 (證據、線索、蛛絲馬跡) 來推斷以及類比未知的情境。未經歷的想像經歷，未擁有的想像擁有，未失去的想像失去，明明不是我，想像若是我；明明我不是他，想像若我是他。這種抽象思維的能力不僅可及其「代位」！並能解讀出言外之意、絃外之音。或許，此時你會問：單憑這種抽象思維的能力就能想像？亦或，想像只需要這抽象思維的能力？答案請參考最新一季登場的「CSI犯罪現場」，或是，把你小時候看過的「福爾摩斯」再拿出來溫習一下！當然「後宮甄嬛傳」也是OK的。注意喔，我們前面提到的關鍵字「證據、線索、蛛絲馬跡」！其實答案已呼之欲出：這種抽象思維的能力就是你必需擁有所謂的「心智能力」與「同理心」。當然，日常生

活中你不用這麼的細膩，但好歹你得會看「臉色」吧，你應該還
不至於在你老闆臉很臭的時候跑去跟他說：「喂！老闆，該幫我
加薪了。」

7.1 心智能力與同理心

在進入「心智能力」(metalizing) 與「同理心」 (empathy) 的大
腦機制之前，讓我們先測試一下你是否真的擁有這般的能力？無意
冒犯，但這本書是真的寫給具備這種能力的人看的！好的just in
case，以下是溫默 (Wimmer) 和佩爾奈 (Perner) 1983年的經典實驗：

「馬克西 (Maxi) 有一條巧克力，他將這個巧克力放在藍色的
櫥櫃裡，然後就跑出去玩，當他在外面玩的時候，他的媽媽進到
屋內，將馬克西的巧克力，從藍色的櫥櫃改放到綠色櫥櫃裡，過
一會馬克西回到屋內，馬克西會到那裡找他的巧克力？他會認為
他的巧克力在那裡？」

現在請告訴我答案？藍或綠？如果你的答案是藍色的櫥櫃，很
好，恭喜你。如果你的答案是綠色的櫥櫃，那，這本書你可以不用
往下看了，你該去醫院了！因為拜倫-科恩 (Baron-Cohen), 萊斯利
(Leslie), 與弗里斯 (Frith) 等人1985年所提出的「心智理論」(theory
of mind, TOM)，意即，能理解和分辨自己和他人心意的狀態，並且
能應用這種不同心意狀態而去推測和解釋行為的能力。溫默和佩爾
奈和以及其他的研究 (Sigman, Yirmiya, & Capps, 1995) 結果顯示，
大多數的三歲兒童尚未發展出這種心意能力，缺乏假想的能力

(false belief)，意即抽象思考的能力，而四歲兒童就較具有這種分辨自己和其他人想法的能力。這也是為什麼我建議你該去醫院檢查了，原因是心智能力若有缺陷則會有以下的明顯影響及現象：

1. 你可能會難以預測其他人的行為，因而導致害怕和逃避其他人。

2. 你可能會難以理解其他人的企圖，以及行為後面的動機。

3. 你可能會難以解釋自己的行為。

4. 你可能會難以理解自己和其他人的情緒，因而導致缺乏同理心 (empathy)。

5. 你可能會難以理解行為會影響其他人的行為和感受，因而導致缺乏取悅他人的動機和意識。

6. 你可能會難以考慮其他人所知道或將會知道的事，因此會有冗言或無法理解的話語。

7. 你可能會難以理解聆聽的人對談話內容是否感興趣並做出適當的反應。

8. 你可能會難以預期其他人對自己行為可能的想法。

9. 你可能不會說謊或難以理解謊話。

10. 你可能會難有共同的注意焦點，因此表現出獨特的注意焦點。

11. 你可能會缺乏理解社會互動，導致難以輪替、維持談話的主題，和不適當的視覺接觸。

12. 你可能會難以理解假裝，難以分辨事實和虛構。

　　基於上述明顯可供觀察的現象及影響，顯然，能夠瞭解他人

以及能夠讓別人瞭解，是讓這個社會順暢運行與個體做決策時不可缺少的能力。因此神經科學家開始對大腦如何處理情感與社會感產生高度的研究興趣，於是「社會神經科學」從「古典認知神經學」與「社會心理學」這兩個學門之間浮現。近10年「古典認知神經學」對於腦部如何運作以辨識形狀、顏色、味道、動作、物體、聲音、行動控制以及更「高層次」的長、短期記憶工作、語言能力、規劃能力、多重任務同時處理的能力以及自我監控等等都相當的先進，但，這卻隱含了一組假設：只從一個「腦」就可以瞭解所有人類的行為，排除了人類原生的「社會性」事實。而「社會神經科學」則尋求社會因素之間的複雜互動及其對行為的影響，強調行為的認知過程、結果，且神經與荷爾蒙機制有助於認知過程。

　　初始的「社會神經科學」，部份學者聚焦具主導地位的社會基本能力研究，顯影調查神經關聯於注意、認知、回憶等社會性有關的刺激如：恐懼、吸引、信任等臉部表情以及人種識別。另一部份的重要研究則聚焦於瞭解他人心意的能力；別人的想法、意圖、感覺。另一流派則潛心研究道德與社會理性，運用「道德兩難作業」(moral dilemma tasks)，極接近「社會兩難作業」(social dilemma tasks) 作為研究工具；其架構如同賽局理論中的「囚徒困境」以及「最後通牒」賽局，以調查社會交換與相互合作的神經學支撐基礎 (趨避衝突、雙避衝突)。這流派之研究絕大部份與神經經濟學重疊，或，甚至是神經經濟學的肇因。雖然，

「社會神經科學」與「神經經濟學」屬不同領域，但其關心的議題大致上是重疊的，包括內容與研究方法，各自領域之研究者皆欲瞭解人類社會互動、決策與這些複雜社會技能之下的神經機制的運行。

經濟決策於社會互動的脈絡中經常出現，經濟學中的賽局理論提供了有效的量化研究架構，於社會互動中各自在不同的資訊、激勵、社會知識的影響下以最佳策略因應。這經常作為神經科學研究的明顯例子如：最後通牒賽局 (甲分錢，乙接受與否，若乙拒絕，甲、乙都沒錢分)，或，獨裁者賽局 (甲分錢，乙只能接受)。二者相較，甲在獨裁者賽局中可以少分一點或甚至不分給乙，因為甲可以完全不用顧及乙的感受。賽局理論的基礎假設為：人是可以預測他人的行動，當能瞭解到他人的動機、偏好、想法時，由此互動機制做決策。所以歸納如下：

心智能力：『能理解他人的意圖、信念與欲望』，又稱為代位思考認知，心智理論 (TOM)，讀心能力 (mind reading)，或心理化 (metalizing)。

同理心：『能感同身受』，又稱為移情 (empathy)。

根據對「自閉症患者」與「精神病患」的研究，這二者 (心智能力、同理心) 屬於完全不同的能力且該能力依賴完全不同的神經網絡，雖然這二者都用於理解他人，但，自閉症合併語言障礙者缺乏的是心智能力 (圖7.1藍色區)；精神病患缺乏的是同理心 (圖7.1紅色區)，因此有反社會的行為。同理心不只是「認識論」

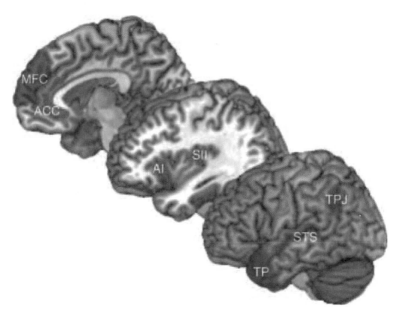

圖7.1 心智能力與同理心相關區域

中前額葉皮質 (medial prefrontal cortex, mPFC)；
前扣帶迴皮層 (anterior cingulate cortex, ACC)；
前腦島 (anterior insula, AI)；
次級體感覺皮質 (secondary somatosensory cortex, SII)；
顳極 (temporal poles, TP)；
顳上溝 (superior temporal sulcus, STS)；
顳頂交界區 (temporo-parietal junction, TPJ)

資料來源：Singer (2009), p. 253.

(epistemological，認識論認為唯有直接進入人的心靈，才是確定
可知的)，也扮演著動機與社會性的角色，因此同理心經常與道
德、利他主義、公義、利社會行為以及合作等強烈相關。同理心

可以讓人較不自私，當能夠對別人「感同身受」時，亦將激發關懷之心，亦能依此解釋諸多善因、捐款行為。基於此，經濟學的祖師爺－《國富論》的作者亞當斯密 (Adam Smith) 早在1759年的《道德情操論》(The Theory of Moral Sentiments) 裡就說過：人皆有善念，即便十惡不赦 (......The greatest ruffian, the most hardened violator of the laws of society, is not altogether without it.)。

接下來，我們需要界定一些重要的「觀念」：

心智能力＋同理心＝社會智力的基本內容，於日常生活社會互動中被需要。但，同理心不只是一個單一概念，是諸多不同的「次技能」與「系統」創造出來的複雜現象。

神經科學觀點，要瞭解別人來自三組主要各自獨立的系統：

1. 有能力瞭解他人動機的原動力與行動目的 (心智能力)。

2. 有能力瞭解他人的想法與見解 (心智能力)。

3. 有能力感受他人的感覺 (同理心)。

德‧米格內蒙特 (De Vignemont) 與辛格 (Singer) 2006年界定同理心如下：

我們之所以能夠同理 (移情) 於他人是因為我們有：

1. 一個情感感動狀態。

2. 這狀態是與別人「相形的」(isomorphic) 情感感動狀態。

3. 是由觀察或想像他人的情感狀態所引起。

4. 且，當我們知道他人的感動狀態是我們自己的感動狀態的來源。

經過上述的界定，雖然有點咬文嚼字，但你可能已經隱約的

感受到理解他人需要具備的能耐,在我們分別深入探究這兩種能耐的運作機制之前,必須先釐清強調兩個容易被混為一談的想法:第一是同理心 (empathy) 與同情心 (sympathy)、憐憫 (compassion) 是截然不同的,差別在於是否移情到自己身上 (意即,感同身受)。第二,同理心與情緒感染 (emotional contagion) 也大不相同,差別在於「自主、自覺」的被觸發。簡而言之就是:這不是單向的投射出去或是接收進來,流程上必須是「有來有往」,也就是先「代位」感受再「移情」進來。

7.2 相關於「心智理論」的研究－以神經科學為基礎

神經科學運用現代顯影技術,受測者在掃描器下觀看經典的卡通 (比方說白雪公主) 並回答不同的耳熟能詳的故事中主角的意圖、想法、渴望等問題。圖之藍色部分:上側顳葉溝 (superior temporal sulcus, STS),顳顱頂骨接合區 (temporoparietal junctions, TPJ),內側前額葉皮質 (medial prefrontal cortex, mPFC),顳極 (temporal poles, TP) 均顯示出「心智能力」的大腦網絡。Frith and Frith (1999) 認為:內側前額葉皮質 (mPFC) 接收真實資訊於心智狀態呈現 → 上側顳葉溝 (STS) 協助處理將所見之行為與背後之意圖建立因果關係 → 顳極 (TP) 將過去之經驗於模擬「相仿」後,予以編碼。

瑞貝卡・薩克斯 (Rebecca Saxe) 2005年主張：於心智理論中不同層次的次內涵，仰賴大腦中不同區域的發展，拉出時間軸 (時序)。其根據發展更早的心理學與哲學的方法，具備瞭解欲求、目的、感覺等相關「心智狀態」的能力，其較早於理解如「想法」等較抽象的心智狀態。前者仰賴內側前額葉皮質 (mPFC) 的功能；後者則與顳顧頂骨接合區 (TPJ) 的功能特定相關。加拉格爾 (Gallagher) 等人2002年，麥凱布 (McCabe) 等人 2001年，與瑞霖 (Rilling) 等人 2004年，運用賽局理論的範例，一而再再而三的證明內側前額葉皮質介入心智運作，無論是人與人的賽局亦或人與電腦。

根據傑森・米切爾 (Jason Mitchell) 所發表一系列有趣的研究指出：內側前額葉皮質 (mPFC) 的功能不僅止於此，它亦能反映出自己的心理狀態，特別是區辨自己的狀態與他人是否相同。當察覺自己與他人心意相通或政治立場一致時，mPFC腹內的 (ventral) 部分呈現活化，於是，惺惺相惜之心油然而生。當不一致時，mPFC背部的 (dorsal) 部分將增大活化 (Mitchell et al., 2002, 2005, 2006)。

當我們推斷其他人的心理時，我們可使用二個不同方法：一則，我們根據「既有的知識」模擬他人；另一則，我們根據所能取得的更「抽象的知識」推斷他人的心理，而後者也許沿用一些慣例、陳規如：禮多人不怪？此地無銀三百兩？吃人的嘴軟？拿人的手短？另一個有趣的問題是：其中是否存在偏見？以自我為中心的偏見是我們「以己度人」的習性，因此常忽略人我之不

同。另外，刻板印象、老生常談、陳規陋習也會讓我們低估了「人同此心、心同此理」，因而造成誤判且不自覺。

7.3 同理心與感覺的相關研究－鏡像神經元系統

　　另一派神經科學家則致力於「僅僅」經由行動觀察來研究瞭解他人目的、意圖的能力，義大利巴馬的學者團隊針對恆河猴(其腦容量與身體的比例與人類最為近似) 的「前運動皮質區」(premotor cortex) 中的神經元，發現其能驅動恆河猴模仿另一隻猴子或人類的手勢，而「僅僅」經由觀察。這所謂的鏡像神經元(Mirror Neuron) 首度證實了人腦機制 (含所有靈長類) 不僅可以呈現自己亦能反映他人，也就是「模仿」 (imitation)，經由所「看見」之動作，轉換進入自己的運動神經程式，而後驅動自己「完成」這個特定動作。經由正子斷層造影 (PET) 與功能磁振造影(fMRI) 等技術，再三證實了上述共同相似的編碼程序，當受測者觀看動作與做出相同動作時，腦內迴路網隨即被激發，包括了：補增運動區 (supplementary motor area，SMA)、前補增運動區(pre-SMA)、前運動皮質區 (premotor cortex)、腦回邊緣(supramarginal gyrus)、顱頂骨內溝 (intraparietal sulcus)、上顱頂骨腦葉 (superior parietal lobe)。

7.3.1 人類的鏡神經元系統

人類有一個難以置信的複雜的鏡神經元系統，它包括我們整個的感覺系統，它允許我們模仿別人的行動、情緒、生活，因此驅動我們豐富的文化，有關人類鏡神經元的研究已經有了吸引人的發現，它正在改變我們看待許多人類生活的「單元」，這些單元包括：同理心的根本神經機制，自閉症的病態的神經機制，觀察別人正在跳舞或音樂演奏的怡然自得，以及媒體放大效果在行為的效用等諸多廣泛的議題。

人類能夠藉著簡單的觀察別人的臉部表情和身體語言而內化別人的情緒的情況，這「內化別人的情緒的情況」稱之為同理心。我們的大腦有數百個處理系統高度的與鏡神經元相連接，它不僅模仿別人的行動，而且也模仿相關的性質，例如一個行動及其相關的結果：愉悅或痛苦。鏡神經元也幫助我們解釋為什麼我們享受觀賞運動選手、舞蹈家和音樂家的活動。藝術家的表演允許我們的鏡神經元系統介入到精神模式的活動，並因此享受著我們能夠模仿相同層面的活動。鏡神經元系統也可以解釋電子媒體對人類行為的影響，尤其是暴力和性對青少年行為的影響。

對自閉症的研究、診斷與治療，與鏡神經元系統的結構功能的缺失、異常有密切的關係。鏡神經是可以解讀別人的心智的腦細胞，鏡神經元系統對人類心智的解讀貢獻其「鏡像處理的能力」。它可以讓我們適當的判讀別人的企圖，這是在社會上與人溝通、協調、合作的主要能力。鏡神經元是一個可以顯現的「映

象」，它提供了「洞見」(insight) 以讓我們進入每一件事情，從我們如何學習走路到如何與他人表現同理心。鏡神經元使嬰兒和兒童能夠藉由模仿學習臉部的表情和身體的運作，模仿每一件親眼所見的每一個動作，因而激勵我們隨著音樂律動，或是憂傷，或是打呵欠。加州大學洛杉磯分校的神經科學家米爾瑞拉‧達培瑞圖 (Mirella Dapretto) 認為自閉症可能歸咎於腦部的鏡像神經元系統受損，其研究團隊針對十名自閉症兒童與十名正常兒童進行研究。當兩組兒童注視照片上顯示憤怒、恐懼、悲傷、快樂的臉孔，並模仿其表情時，研究人員以功能磁振造影 (fMRI) 測量通過腦部特定區域的血液流量，找出腦部進行上述動作的位置。發現自閉症兒童於腦部額下回 (inferior frontal gyrus pars opercularis) 兩眉中心區域的活性較低。因此，達培瑞圖認為功能不良性的鏡像神經元系統，有可能是自閉症患者欠缺社交能力的起因。

7.4 同理心：網絡分享假說

網路分享 (shared network) 假說的想法如下：在我們腦中認知和行動是連在一起的，讓我們有能力分享他人的運動神經的動作，以及被擴大解釋的感覺、感知等抽象的心智狀態；諸如想法、願望、感覺、情感。人類可從別人身上感受到同理心來自寬廣多樣的脈絡，包含原始的情感如生氣、恐懼、傷心、喜悅、痛、性慾。以及從屬於文化上的情感如難為情、羞恥心。

上述的啟發早期來自於「知－行模型」(perception–action models) (Prinz,1990) 於行為理解領域，普雷斯頓 (Preston) 和德瓦爾 (de Waal) 2002年提出神經科學基礎的同理心模型 (neuro-scientific model of empathy)：觀察或想像他人的特定情感狀態，觀察者將自動 (這個流程雖無須自覺或花心思，卻仍然受到約束) 活化呈現該特定情感狀態經由自律 (autonomic) 與軀體 (somatic) 的反應。確實經 fMRI 研究於上述的「分享神經網絡」提供了證據：人僅需靠察覺或想像別人遭受的痛感、碰觸、反感，就能感受別人的感覺，而無需親身接收該刺激。已經證實了「前腦島皮質區」 (anterior insula cortex) 出現相似的神經反應，當受測者看到一張作嘔表情的臉部照片，引發自己親身嗅到令人作嘔的臭味。對照另一研究發現分享活化於「次要體覺皮質區」 (secondary somatosensory cortices)，當受測者觀看別人被觸碰的畫面，與親身被觸碰的反應相同。這結果與體覺皮質區處理觸覺的角色是一致的。

多數研究同理心的腦部反應都圍繞在「痛覺」，一個稱之為「痛母體」 (pain matrix) 的情侶人體實驗顯示 (Singer et al., 2004, 2006)，無論是受測的「女伴」直接接受痛的電極刺激；亦或看到訊號顯現其「心愛的男伴」正接受痛的電極刺激 (empathy for pain)，其雙側前腦島 (the bilateral anterior insula, AI)、前扣帶腦皮質 (anterior cingulate cortex, ACC)、腦幹、小腦等區域的神經電路「皆」被活化，表示當心愛的伴侶 (亦或，雖然不認識但討喜的

人) 遭受痛時，我們亦能感同身受那種痛。其他的研究如：觀看身體部位即將處於痛的情況的影像，痛的臉部表情、手被針刺等，其結果相同。

另兩個聚焦於同情心 (慈悲心) 的專門效果的研究，進一步確認了前腦島 (anterior insula, AI) 於同理心中扮演重要的角色，經比較長年打坐禪定的和尚與剛入門的修行者 (Lutz et al., 2008)；以及比較長年打坐禪定的和尚與非修行者 (Lazar et al., 2005)。前者發現有大量的腦島活化以及發現顯著差異的表層厚度於前額葉皮質與右前腦島 (同圖紅色區域的描述)。

7.4.1 要有同理心，但是，同理心人人皆不同

這正如同我們日常生活的體會：同理心人人皆不同，其間的差異是能夠以合乎科學的；由心理學家發展出來的；且有效的標準評量問卷，像是「The Empathic Concern Scale of the Interpersonal Reactivity Index」(IRI; Davis, 1980) 以及「The Balanced Emotional Empathy Scale」(BEES; Mehrabian and Epstein, 1972)，上述量表衡量可以被概念化的心理學上的特性，好比一個人的人格特質終其一生都相對穩定。分析同理心的腦部反應可知當受測者觀察別人的遭遇，會自比成他們的親人或和受測者相像的人，已展現出個體差異於同理心相關的痛覺感受區域 (ACC 與 AI) 的腦部活動上，而上述差異也一樣反應出個體間的差異在 IRI 以及 BEES 的量表上。於問卷中分數高的受測者其前扣帶腦皮質 (ACC) 與前腦島 (AI) 的活化程度亦較高。有趣的是；賈比 (Jabbi)

等人 2007 年觀察 IRI 的子量表與同理心腦部反應的前腦島 (AI) 的類似關聯性，受測者觀看他人喝可口或不可口的飲料並連結喜悅或噁心的臉部表情二擇一，其腦部的反應不僅與量表正相關，且受測者在遠端線上接受掃描時，因受測所引發的同理心的狀態所呈現不愉快的比重亦相同。綜上所述，分享網絡的發現根基於一個人自己的感受與感覺，以及他觀察他人類似的感受與感覺，因此我們運用神經系統的「呈現」以反映我們自己的感情回應，去瞭解他人的感覺於類似的狀態。更進一步的說，我們有能力「移情」，其發展來自於一套系統，該系統呈現我們內在的感覺狀態並允許我們去預測情感的結果於一個事件發生在自己或他人身上。因此，未被完成呈現 (deficits) 的個體自己的感覺狀態亦將導致無法完全 (deficits) 同理心於他人。

7.5 腦內感受皮質層 (Interoceptive Cortex) 的角色之於感覺與同理心

有鑒於情感之源頭以及社會神經科學極力聚焦於探索「杏仁核」(amygdala) 於情感 (emotions) 處理流程中所扮演的角色，該焦點現今已放寬至包含處理感覺 (feelings) 的另一結構：腦島皮質之決定性角色，特別在前腦島 (AI) 皮質，該區塊被證實於「腦內感受」皮質層中為具決定性的部分，該部分有助於神經表現其內在的身體與感覺狀態。情感的「內感受模型」在心理學上一直是傳統，提出大腦皮質可表現內在身體的訊號於原始的感覺狀態，

18世紀末，採取科學觀點，對待人類情緒變化予以系統解釋者，首推美國先驅心理學家，也是功能主義的創始人威廉·詹姆斯 (William James) 在1884年提出一種「反常識」的理論。按一般常識的說法：人哭是因為傷心；人笑是因為快樂；人戰慄是因為恐懼。詹姆斯則持相反看法：人快樂因為笑；人傷心因為哭；人恐懼因為戰慄。這聽起來也似乎言之成理，此理論強調，情緒並非由外在刺激所引起，而是由身體 (或內臟器官例如心跳)，反應之變化所致。在這之後丹麥生理學家卡爾·蘭格 (Carl Lange) 在1885年提出類似的情緒理論。因此後人將兩人的理論合一，稱為詹姆斯 - 蘭格情緒理論 (James-Lange theory of emotion) 或簡稱詹姆斯 - 蘭格理論。其論述如下：我們覺得心蹦蹦跳當我們戀愛或經歷恐懼；我們覺得胃收縮當我們面臨壓力或必須做出困難的決策；我們覺得臉脹通紅且帶著盛怒或尷尬當我們陷入窘境，若缺乏身體感覺，情感是無法被體驗的 (感覺強化情感)。

基於解剖學的見解，巴德·克雷格 (Bud Craig) 精心製作與發展出詳細的解剖學的模型，一個身體內在狀態的「映像」(image) 被映射 (mapped) 到大腦，首先經由視丘核 (丘腦細胞核 thalamic nuclei)、感覺動作皮質 (sensorimotor cortices) 以及後背側腦島 (posterior dorsal insula) 提供的輸入程式導入 (afferents)。在人類身上，這特定形式的感覺中樞表現身體生理學上的狀態於後背側腦島，而首次的「再呈現」於同側腦部的前腦島 (AI)，而後經由胼胝體 (callosal, 連結大腦左、右半球的主要組織，負責將左、右半

球的訊息相互傳遞) 的路徑於右前腦島 (right AI) 再映射至大腦的另一側，如同二次命令，這「再呈現」於右前腦島被認為是有利於主觀的感覺，甚至被認定為是我們自身感知 (實體感覺) 的所在位置 (Craig, 2002)。同時，此刻傳入的訊息經由中背視丘核 (medial dorsal thalamic nucleus) 投射至前扣帶腦皮質 (ACC)，於此產生刺激以進行相關的對應行為。因此直接活化的前後腦島以及前扣帶腦皮質 (ACC) 可一致於同步產生感覺與情感刺激伴隨著這自律神經的效應。

確實，映像的研究聚焦在週邊喚起的衡量與大腦活動之間的關係，給了喙狀前扣帶腦皮質 (rostral ACC) 與前腦島 (AI) 皮質之決定性角色的有力證據，於喚起內部身體狀態並感知這些狀態。克里奇利 (Critchley) 團隊研究大腦對周邊喚起的回饋，具體的強調了前腦島 (AI) 於內在感知的角色。他們選擇單純自律神經衰竭 (pure autonomic failure, PAF) 受測者；其無法產生自律神經的喚起，因其自律神經系統特定周邊神經去神經化，與一般正常的控制組對照，在自覺或不自覺的情況下暴露於生氣的臉與伴隨著極大的噪音刺激，正常的控制組產生自律神經的反應，意即，右前腦島 (right AI) 出現大量的活動，而上述單純自律神經衰竭 (PAF) 的受測者則無，應證了右前腦島 (right AI) 對自律神經回饋的感受度 (Critchley et al., 2001, 2003, 2004)。此外，情感的體察之於刺激，被巧妙的運用了逆向遮蔽 (backward masking)，接連二個連續快速的刺激，第二個會遮蔽第一個 (「後至」干擾「先發」)，因

此干擾自覺評估第一次刺激內容的機會，這也正是前腦島 (AI) 自覺經驗於情感的角色。

如前述研究，於無自覺的感受威脅刺激，杏仁核會出現擴大血氧依賴水平 (BOLD) 的反應，但，只有在「生氣的臉」被自覺感知時，前腦島 (AI) 才會增大活化。於隨後的研究克里奇利證實了右前腦島 (right AI) 的活動與大小與受測者能否自覺其自己心跳的程度正相關，整體而言，大腦內皮質層對於呈現與感受身體升起的感覺狀態扮演了重要的角色。基於上述結果，前腦島 (AI) 與前扣帶腦皮質 (ACC) 這兩個非常相同的架構，扮演決定性的角色於呈現自身的感覺狀態與似乎就是引發「同感」的感覺之決定性的流程。辛格 (Singer) 等人 2004 年延伸情感的內在模型於同理心的領域，提出大腦皮質於AI再呈現身體的狀態有雙重的功能，首先，它允許我們從別人身上呈現感覺，不只是當情感刺激進來的時候我們的感覺，還包括預測我們自己的身體會對這情感刺激該有的反應。其次，它會被視作發自內心的關聯於期望同理的模擬：別人會怎麼覺得，這將幫助我們瞭解情感的重要意涵：特定的刺激與可能的結果。

一致的觀點，值得注意的是，運用fMRI發現對疼痛的「預想」會在AI區域出現較多的活化，「真實」疼痛的經驗會在後腦島出現較多的活化。這確認了被視作當然的角色：後腦島為具體形式呈現主要的痛覺，前腦島則呈現從屬與疼痛相關聯的所期望的負面效果。在辛格的同理心研究，後腦島皮質只有在受測者真

實的感受到痛時才活化，且反應對側的 (contralateral，左手→右後腦島) 軀體刺激。反之，AI不僅在受測者真實的感受到痛時才活化，亦能代位感受 (同理) 他人。所以對於同理心的喚起，能夠呈現自身的感覺狀態是被需要的，無法瞭解自己情感則亦無法同理心於他人！

7.6 以精神病理學的角度探討腦內皮質層的角色

心智能力與同理心為描繪不同的能力與分屬不同的神經網絡系統，但皆有助於瞭解別人的心意，如圖所示之紅色與藍色各自分別的網絡。這二種能力通常一起運作，當正常的個體面臨必須推斷別人的心理狀態時，這二個網絡會一起活化，很難去證明這二個系統並不關聯。然而，從二種不同的病患如自閉症與精神病患即可輕易的證明其「雙分離」 (double dissociation) 於心智能力與同理心，二者來自完全不同的路徑。

一般對自閉症 (autistic spectrum disorders, ASD) 的定義為：廣泛性發展障礙，其特性為反常的社會互動、口語或非口語的溝通障礙以及極有限的興趣與活動。一般人若患有高功能自閉症 (high functioning autism) 或亞斯伯格症候群 (Asperger syndrome, AS，是一種發展障礙綜合症，可歸類為自閉症的其中一類，患有亞斯伯格症候群的兒童大多喜歡與人相處，卻缺乏正確的社交技巧，語言能力正常卻不善於溝通，故不易得到瞭解接納，學習與社交受到嚴重影響) 其與定義的自閉症患者 (ASD) 主要不同的是他們有

很高的智能與無損的口語溝通能力，而患有自閉症 (ASD) 以及亞
斯伯格症候群患者則常被發現很難歸類其心理狀態如想法、欲望
與意圖。然而，較不清楚的是：亞斯伯格症候群患者是否也缺乏
同理心的能力？

　　對照精神病患者，缺乏同理心的人格障礙為主要識別，自
戀、衝動、自私的對待他人，完全走樣的情感感受度。然而，不
清楚的是：精神病患者是否也缺乏心智能力？因此對精神病患的
行為研究發現其有「選擇性的情感官能性障礙」 (selective
emotional dysfunction) 如：對反感的無感，對威脅的自律神經反
應，對原始視覺威脅的擴大驚嚇反射，受損的處理能力，對於悲
傷、恐懼的臉部或聲音表情的自律神經反應改變。

　　神經病理學的證據顯示，當處於情感的記憶與反感的反射作
業時，不但杏仁核的反應下降，並且杏仁核內的灰質[4]與海馬迴
(Hippocampus, 負責學習與記憶) 亦反應下降，更重要的是，史特
哲 (Sterzer) 等人 2007 年調查青少年的失序行為的腦部結構發現，
精神病患通常會發展出反社會人格都在18歲以後，並伴隨著對
人、東西、動物等過度侵略性的行為以及經常性的違規。行為失
序的青少年與對照控制組相較，其杏仁核與AI的活動下降，此
外，這些行為失序的青少年其同理心的得分數亦與雙側AI的灰質
數量呈現負相關，呼應了此結構的重要角色於正確的表現情感狀
態與接下來的恰當的同理心反應。

4　灰質 (gray matter) 為神經元細胞，白質 (white matter) 為神經纖維。

　　上述的發現指出「雙分離」心智能力與同理心的方法：透過
自閉症與精神病患。自閉症病患也許缺乏心智能力但不會缺乏分
享他人的感覺的能力 (同理心)；對照精神病患，雖缺乏同理心，
但無損其瞭解他人的想法與信念的能力。但也沒有任何fMRI的研
究證實心智能力與同理心毫不相關於精神病患與自閉症患者。

　　而類似的分離 (dissociation) 調查，經由研究內生性
(interoceptive) 的感知與同理心於高功能自閉症患者或亞斯伯格症
候群 (Asperger syndrome, AS) 患者，以及一種情況名之為「述情
障礙」 (Alexithymia, 情感無能症)。有鑒於自閉症患者 (ASD) 都
有嚴重的社會認知與溝通上的障礙，述情障礙只有輕度不正常的
現象於缺乏情感的感知，或，更具體的說法是難以識別與敘述其
自身的感覺，以及區別由情感喚起的身體感受的感覺。述情障礙
的患者被認為占人口比例的10％，而高功能自閉症患者或亞斯伯
格症候群 (AS) 患者約50％都有此現象，雖然我們知道亞斯伯格症
候群患者總是很難意會自己的心理狀態予他人，這些障礙和負責
心智能力的大腦網絡 (圖藍色區) 活化較少有關。但對於亞斯伯格
症候群體驗自身感覺或同理心於他人的能力，目前所知有限，因
此，希拉尼 (Silani) 等人 2008 年研究掃描AS患者與對照不同程度
的述情障礙患者作為控制組，所有受測者被要求判斷自己觀看情
感喚起的照片後的感覺，結果顯示，極嚴重的述情障礙患者 (經由
二個不同的述情障礙量表衡量) 其相互關聯的前腦島活化亦較少，
雖然缺乏腦島皮質活化於情感內生性的感知無關亞斯伯格症候群

患者的特定診斷，但卻能完全地預測其「述情障礙」的程度。於是有較嚴重述情障礙病徵的控制組亦顯示較少的活化於腦內皮質層，上述實證研究再度指出AI之於瞭解自己的情感的角色。

　　有趣的是，個別差異於述情障礙的程度，與同理心人格問卷衡量上所顯現的個別差異，兩者呈現負相關。以及於內在感受時，述情障礙與同理心皆預兆了AI的活化水準。前述的發現恰好與下列的預測一致：對於瞭解自身情感的障礙必導致同理心的障礙，兩者皆相關於較少的AI活化。如此的雙分離指出：缺乏心智能力而非同理心是亞斯伯格症候群患者的特性，而非述情障礙患者。缺乏內生性感知與同理心是述情障礙患者的特性，而非無情感障礙的亞斯伯格症候群患者。這發現首度「反駁」了一般性的見解：自閉症患者缺乏同理心。這同時也提供了清楚的證據於瞭解他人的心意存在著二個不同的本質：一個真實認知到「冷」的人與一個同理感受到「熱」的人 (a「cold」cognitive one and a「hot」empathic one) (Singer, 2006)。

7.7 同理心的調控因素，什麼時候會有同理心？什麼時候又是活該？

　　正常人亦存在同理心的個別差異，我們「移情」的程度亦依情境因素而不同。比如說，很容易領會老闆對誰比較好；老闆對誰比較不好。以 fMRI 從事研究同理心調節因素的腦部反應的相

關文獻如：有關同理心於疼痛，受測者與他人情感的的連結 (Singer et al., 2004, 2006)，受測者評價他人的遭遇的原因是否合理正當 (Lamm et al., 2007)，以及受測者早先暴露於引發痛感的情況的頻率 (Cheng et al., 2007)，遭受痛的強度－「看針刺」與「針刺入肌肉」 (Avenanti et al., 2006)，似乎都能看到「調節」 (modulation) 的角色作用於同理心腦部反應的量與程度。

辛格等人 2006年於經濟學領域相關的研究證實了「調控」的證據於感知別人的痛，其同理心的腦部反應，該功能等同於感知別人的是否公平對待。於此研究中男、女性的志願者初次參與「重複信任賽局」(repeated trust game)：決策者1可將其被賦予的點數其中的10點給決策者2，決策者2可回應決策者1的信任，回送 0-10點，決策者2回送給決策者1的每一點將乘以3倍，決策者2能據此選擇於不同程度的公平策略。該實驗的二位受命參與者其中一位被命令須公平的報答受測者的信任，並回送公平的點數，另一位被要求不公平的對待受測者，選擇以純自私方式回送 0 或最少的點數。其結果受測者對遭受不公平對待的腦部反應與先前 2004 年對疼痛同理心的範例相似。

為了進一步評估「性別」差異於同理心與其調整，被掃描的男、女性受測者與搭配同為男性或同為女性的二位參與者進行前述的同理心研究，當公平時、好像有參與者受痛時，男性與女性其與同理心相關前扣帶腦皮質 (ACC) 與前腦島 (AI) 皆呈活化。而只有男性看到不公平的參與者受痛時 (被懲罰) 觀察不到同理心的

活動，代替的是伏隔核 (NAcc) 的活化增加，該區域與懲罰報應相
關。其對復仇的渴望與隨後的問卷評斷呈正相關。結論：至少對
男性而言，當他們面對應當受懲罰的人遭受疼痛時，復仇的欲念
已強過同理心。這模式的結果提供了個體基礎於「社會偏好理
論」，這些理論認為人們評價其他參與者的獲益視其於先前的賽
局中，他們是否公平進行而定 (Fehr and Gächter, 2000)。人們傾向
對他人的獲益給予正面評價如果他們公平進行；對他人的獲益給
予負面的評價如果他們不公平進行，這偏好模式意味著人們喜歡
和公平的對手合作以及懲罰不公平的對手。的確，於「行為經濟
學」中的許多不同的實驗證實，人們有意去懲罰於先前的金錢交
換賽局中不公平的參與者，即使這行為似乎不太理性，因為他們
其實都知道再也不會見到這些人，以及懲罰他們必須付出代價。
因此他們違背了最佳化自己的收入，藉著花費相當金額的錢去懲
罰他人，經濟學家稱這種行為叫做「利他的懲罰」 (altruistic
punishment)。神經科學的發現並認為：懲罰違反社會規範的人將
活化「報償」的神經電路系統，該系統通常從事處理主要的報償
感知，這就能解釋為何人們從事「利他的懲罰」是具有動機的，
即便代價不斐但一切都「值得」 (It is rewarding)。

7.8 重回「理性決策」與「有限理性」的議題

　　社會神經科學與神經經濟學的努力，已幫助為我們的心智能力與同理心能力的機制帶來線索，即便這二種能力有著截然不同的特徵與依賴不同的神經網絡系統，二者皆讓人們可以描繪、想像他人的狀態：意圖、信念、想法、情感與感知。有一個重要的特徵於此機制的輪廓：描繪、想像他人的狀態與目的，似乎大都為自發性且無感知，例如相關的同理心研究 (Wicker et al., 2003；Keysers et al., 2004；Singer et al., 2004, 2006)於疼痛、觸碰、噁心等範圍，受策者甚至沒被告知其研究目的是為調查同理心的腦部反應，只是被動的被指示去看一個場景或電影。不過，即使沒有明確的指示，當我們感知他人的感覺時大腦網絡會呈現我們自己的感覺，出現自動活化，這似乎是我們自動分享他人的感覺。

　　上述觀察與我們提過的「知-行模型」 (perception–action models) 於運動神經的行為與模仿，以及延伸至同理心的領域，其結果是一致的 (Preston and de Waal, 2002；Gallese, 2003)。例如同理心的神經科學的模型：觀察或想像他人處於特殊的情感狀態，觀察者將「自動」活化呈現該狀態透過關聯的自律神經與身體反應。在這例子當中所謂的「自動」 (automatic) ，歸因於該流程無須自覺與花心思處理，但仍受約束或控制。這自動性的「知—行機制」對經濟學理論有重要的意涵：不經思考或自覺感知就這麼做了，我們察覺他人的感覺與誘發的狀態；活化相同的大腦網絡呈現我們自身的感覺與情感狀態。同理心的共鳴機制如同創造一

個連結於我們與他人之間的需求、欲望、誘發狀態與情感。從他人的情感影響我們的情感狀態且我們的情感狀態又是我們動機與行動的重要決定因素，他人的感覺狀態於一定程度上形塑了我們自己的動機向他人靠近。這意味著我們的動機並非純由一己之私，並且由於共鳴機制自動的與他人相關。

　　設想賽局理論的架構於社會交換機制中用於預測行動，我們的行動由我們自己的偏好 (如欲望、信念、需求) 加上我們覺得他人的偏好來決定，反過來，也會決定他人的行動。前面我們已回顧從社會神經科學的諸多證據，關於我們能夠推斷他人的心理與動機狀態以及關於我們能夠推斷他人的行動與意圖之機制。同理心共鳴機制能夠建立一個「連結」：介於一個人預測他人的動機的能力與天性的自己的動機。那也就是：他人的情感可以一定程度上形塑了我們「關於他們」 (concerning them) 的自己的動機。比方說：當一個人正遭受雙親的過世，許多人都會對他付出同理心，這遭遇的分享會激發他們試著去安慰他 (因此他們自己也會覺得好過點)，即便這麼做需付出成本。亦或，即便他們沒有產生這直接與他人相關的行為也不是因為他們沒有同理心。捐錢給慈善團體則是刻畫了這同理心機制，人們看了飢餓兒童的紀錄影片後，激發捐錢給世界展望會。

7.9 同理心、公平、心智理論與利社會行為 (prosocial behavior) 之間的連結

　　進行與他人相關行為的「習性」並非全然由一個人是否被賦予了同理心共鳴機制所決定，許多其他因素也會。情感與誘發狀態只是一時短暫的現象，所以依時間先後的激起同理心刺激的順序會很重要。如之前我們所見，同理心的腦部反應亦被發現受到外在因素的調控，如情感的連結或察覺他人不公平的對待。因此至少在男性身上，同理心的腦部反應不會產生在當某人於先前的賽局中做出背叛而現遭受懲罰受痛，這些同理心反應甚至被報仇的感覺與幸災樂禍 (Schadenfreude) 所取代。基於此與其他的觀察，de Vignemont and Singer (2006) 質疑同理心的自動性假設並提出一個替代性模型；同理心並非一直是僅靠被動的觀察他人情感的線索的自動性結果，而是主觀的評估情況與調整。據此，同理心腦部反應的程度是依他人表現出來的情感相關特徵，再經由各種不同的調控因素之排列而定 (如：情感的強度) ；二人之間的關係 (情感的連結與相互依賴的程度) ；同理心者的特徵 (如性別、情感閱歷、情感管理能力) 。對於這調控因素的天性的更好的理解，將有助於我們領會錯綜複雜的交互作用於利社會行為的決定條件。

　　鑒於經濟學家主要運用賽局理論的範例如：獨裁者賽局、信任賽局、公共財賽局，以運作「利社會行為」相對於「自私行為」之比較於經濟交換，社會心理學家、心理學家則普遍使用生

態效度作業 (ecologically valid tasks) 於觀察人在面臨能幫助他人的情況，或，此情況下卻克制自己不幫忙。而前者的衡量可容納更多的控制的量化評估於利社會行為，如：給對手貨幣的「數量」。因此，在多數的賽局中受測者只被給定二選一：利社會／公平，或，自私／不公平的行為，但這卻妨礙了觀察自發、非命令的利社會行為的可能性。更重要的是這不夠明確，是否經濟學對利社會行為的評估？等同社會心理學聚焦於當他人需要幫助時給予幫助的利社會行為的衡量？利社會行為的評估於賽局理論的範例，其基於公平的動機遠勝於同理心的激發。因此，同理心腦部反應的個體差異是個很好的預測指標於幫助他人的行為，但絕非以公平為基礎的合作行為。

　　公平與同理心激發之間的區別以及他們與不同形式的利社會行為之間的關係，尚未於足夠的範圍被研究調查，無論是經濟學領域，亦或社會科學、神經科學，這將是未來神經經濟學研究的焦點。即便公平與同理心於觀念上似乎極其接近相關；都重要於利社會行為的進行，但若只擇其一的動機可能會導致非常不同的結果。因此，實證經濟學的研究再三的提供了證據於公平偏好將導致合作行為，當然也導致了報復的慾望與報應主義 (retributivism)，尤其當有人違規時 (Fehr and Gächter, 2002；Fehr and Fischbacher, 2003)。神經經濟學的研究提供證據於報償相關的腦部活化，無論是主動 (de Quervain et al., 2004) 亦或被動(Singer et al., 2006) 的報復賽局中的背叛者。相較之下，在類似的賽局中

純粹同理心的激發亦有可能導致合作的行為，但很少延伸至報復相關，於是，傷害他人的行為自始就妨礙了同理心。

另一個有趣的預測被神經科學於同理心以及「認知角色取替」(cognitive perspective-taking，通常是指個體去考量他人的思想意圖的能力)或心智理論的調查中被推導出來，同理心的激發比起「認知角色取替」較能預測與他人相關之行為，因為同理心從事激發情感的大腦網絡系統。而心智理論依賴圖藍色部分：上側顳葉溝 (superior temporal sulcus, STS)，顳顱頂骨接合區 (temporoparietal junctions, TPJ)，內側前額葉皮質 (medial prefrontal cortex, mPFC)，顳極 (temporal poles, TP) 其顯示出「心智能力」的大腦網絡，典型的被認為較少的關聯於動機與情感。精神病患可能缺乏同理心但絕非「認知角色取替」，這解釋了為何他們能夠進行反社會的行為，且對操縱與愚弄他人非常在行，這需要瞭解他人的想法與意圖的能力。

儘管同理心的個別差異於從事利社會的行為具備較好的預測能力，「情感」與「認知角色取替」這二項能耐皆有助於人們預測他人的行動。一個有趣的問題是：我們擁有的相關且重要的「同理心」與「心智能力」，以預測他人的動機與行動於不同的情況之下，那麼該如何判定在哪種情況下？誰會妨害了誰？或是，誰又會促進了誰？

同樣的，在你給我答案之前，我「同理」你的「心智能力」到這裡應該已經快耗盡了，所以，我很有「同理心」的建議你…該休息一下了！

延伸閱讀

Avenanti, A., Paluello, I. M., Bufalari, I., & Aglioti, S. M. (2006). Stimulus-driven modulation of motor-evoked potentials during observation of others' pain. *Neuroimage*, 32(1), 316-324.

Baron-Cohen, S. (1997). *Mindblindness: An Essay on Autism and Theory of Mind*. MIT press.

Baron-Cohen, S., Leslie, A. M., & Frith, U. (1985). Does the autistic child have a "theory of mind"?. *Cognition*, 21(1), 37-46.

Cheng, Y., Lin, C. P., Liu, H. L., Hsu, Y. Y., Lim, K. E., Hung, D., & Decety, J. (2007). Expertise modulates the perception of pain in others. *Current Biology*, 17(19), 1708-1713.

Craig, A. D. (2002). How do you feel? Interoception: the sense of the physiological condition of the body. *Nature* Reviews Neuroscience, 3(8), 655-666.

Critchley, H. D., Mathias, C. J., & Dolan, R. J. (2001). Neuroanatomical basis for first-and second-order representations of bodily states. *Nature Neuroscience*, 4(2), 207-212.

Critchley, H. D., Mathias, C. J., Josephs, O., O'Doherty, J., Zanini, S., Dewar, B. K., ... & Dolan, R. J. (2003). Human cingulate cortex and autonomic control: converging neuroimaging and clinical evidence. *Brain*, 126(10), 2139-2152.

Critchley, H. D., Wiens, S., Rotshtein, P., Öhman, A., & Dolan, R. J.

(2004). Neural systems supporting interoceptive awareness. *Nature Neuroscience*, 7(2), 189-195.

Dapretto, M., Davies, M. S., Pfeifer, J. H., Scott, A. A., Sigman, M., Bookheimer, S. Y., & Iacoboni, M. (2005). Understanding emotions in others: mirror neuron dysfunction in children with autism spectrum disorders. *Nature Neuroscience*, 9(1), 28-30.

Davis, M. H. (1980). A multidimensional approach to individual differences in empathy.JSAS *Catalog of Selected Documents in Psychology*, 10, 85.

De Quervain, D. J. F., Fischbacher, U., Treyer, V., Schellhammer, M., Schnyder, U., Buck, A., & Fehr, E. (2004). The neural basis of altruistic punishment. *Science*.

De Vignemont, F., & Singer, T. (2006). The empathic brain: how, when and why?. *Trends in Cognitive Sciences*, 10(10), 435-441.

Fehr, E., & Fischbacher, U. (2003). The nature of human altruism. *Nature*, 425(6960), 785-791.

Fehr, E., & Gächter, S. (2002). Altruistic punishment in humans. *Nature*, 415(6868), 137-140.

Gallagher, H. L., Jack, A. I., Roepstorff, A., & Frith, C. D. (2002). Imaging the intentional stance in a competitive game. *Neuroimage*, 16(3), 814-821.

Gallese, V. (2003). The manifold nature of interpersonal relations: the quest for a common mechanism. *Philosophical Transactions of the Royal*

Society of London. Series B: Biological Sciences, 358(1431), 517-528.

Jabbi, M., Swart, M., & Keysers, C. (2007). Empathy for positive and negative emotions in the gustatory cortex. *Neuroimage*, 34(4), 1744-1753.

James, W. (1884). What is an emotion? Mind, (34), 188-205.

Keysers, C., Wicker, B., Gazzola, V., Anton, J. L., Fogassi, L., & Gallese, V. (2004). A touching sight: SII/PV activation during the observation and experience of touch. *Neuron*, 42(2), 335-346.

Lamm, C., Batson, C. D., & Decety, J. (2007). The neural substrate of human empathy: effects of perspective-taking and cognitive appraisal. *Journal of Cognitive Neuroscience*, 19(1), 42-58.

Lange, C. (1885). *The Emotions*. Reprinted in 1967 in C. Lange and W. James (Eds), The Emotions New York, NY: Harner Publishing Co.

Lazar, S. W., Kerr, C. E., Wasserman, R. H., Gray, J. R., Greve, D. N., Treadway, M. T., ... & Fischl, B. (2005). Meditation experience is associated with increased cortical thickness. *Neuroreport*, 16(17), 1893.

Lutz, A., Brefczynski-Lewis, J., Johnstone, T., & Davidson, R. J. (2008). Regulation of the neural circuitry of emotion by compassion meditation: effects of meditative expertise. *PloS one*, 3(3), e1897.

McCabe, K., Houser, D., Ryan, L., Smith, V., & Trouard, T. (2001). A functional imaging study of cooperation in two-person reciprocal exchange. *Proceedings of the National Academy of Sciences*,

98(20), 11832-11835.

Mehrabian, A., & Epstein, N. (1972). A measure of emotional empathy. *Journal of Personality*, 40(4), 525-543.

Mitchell, J. P., Banaji, M. R., & MacRae, C. N. (2005). The link between social cognition and self-referential thought in the medial prefrontal cortex. *Journal of Cognitive Neuroscience*, 17(8), 1306-1315.

Mitchell, J. P., Heatherton, T. F., & Macrae, C. N. (2002). Distinct neural systems subserve person and object knowledge. *Proceedings of the National Academy of Sciences*, 99(23), 15238-15243.

Mitchell, J. P., Macrae, C. N., & Banaji, M. R. (2006). Dissociable medial prefrontal contributions to judgments of similar and dissimilar others. *Neuron*, 50(4), 655-663.

Preston, S. D., & De Waal, F. (2002). Empathy: Its ultimate and proximate bases. *Behavioral and Brain Sciences*, 25(01), 1-20.

Rilling, J. K., Sanfey, A. G., Aronson, J. A., Nystrom, L. E., & Cohen, J. D. (2004). The neural correlates of theory of mind within interpersonal interactions. *Neuroimage*, 22(4), 1694-1703.

Saxe, R. (2005). Against simulation: the argument from error. *Trends in Cognitive Sciences*, 9(4), 174-179.

Sigman, M. D., Yirmiya, N., & Capps, L. (1995). Social and cognitive understanding in high-functioning children with autism. In *Learning and Cognition in Autism*. Springer US, 159-176.

Singer, T. (2006). The neuronal basis and ontogeny of empathy and mind

reading: review of literature and implications for future research. *Neuroscience & Biobehavioral Reviews*, 30(6), 855-863.

Singer, T. (2009). Understand others: brain mechanisms of theory of mind and empathy. *Neuroeconomics: Decision Making and the Brain*.

Singer, T., Seymour, B., O'Doherty, J. P., Stephan, K. E., Dolan, R. J., & Frith, C. D. (2006). Empathic neural responses are modulated by the perceived fairness of others. *Nature*, 439(7075), 466-469.

Singer, T., Seymour, B., O'Doherty, J., Kaube, H., Dolan, R. J., & Frith, C. D. (2004). Empathy for pain involves the affective but not sensory components of pain. *Science*, 303(5661), 1157-1162.

Smith, A. (2010). The theory of moral sentiments. Penguin.

Sterzer, P., Stadler, C., Poustka, F., & Kleinschmidt, A. (2007). A structural neural deficit in adolescents with conduct disorder and its association with lack of empathy. *Neuroimage*, 37(1), 335-342.

Wicker, B., Keysers, C., Plailly, J., Royet, J. P., Gallese, V., & Rizzolatti, G. (2003). Both of Us Disgusted in< i> My</i> Insula: The Common Neural Basis of Seeing and Feeling Disgust. *Neuron*, 40(3), 655-664.

Wimmer, H., & Perner, J. (1983). Beliefs about beliefs: Representation and constraining function of wrong beliefs in young children's understanding of deception. *Cognition*, 13(1), 103-128.

第*8*章 成癮與創新

8.1 多巴胺與成癮

　　披頭四 (The Beatles) 名曲「Lucy in the Sky with Diamonds」遭英國 BBC 禁止這首歌在電台播放，儘管 John Lennon 早有聲明此曲絕非有關暗喻 LSD (Lucy、Sky、Diamond 這三個名詞的第一個字母縮寫，亦為迷幻藥的通稱)，但即使是暗喻又如何？披頭四的歌迷依然歡迎的很。

　　另外，60年代美國東岸名團地下絲絨樂隊 (The Velvet Underground)，一曲「Heroin」(海洛因)，「Heroin, my life and my wife」，僅此一句就已刻畫入微。

　　吉他之神埃里克‧克萊普頓 (Eric Clapton) 的經典之作「Cocaine」(古柯鹼)：If you wanna get down, down on the ground ; cocaine, She don't lie, she don't lie, she don't lie ; cocaine. 該曲雖意在反毒，但也娓娓道出了毒品上癮之苦。

　　我們雖然用了這三首與毒品相關的歌曲的介紹作為本章的開頭，其原因為流行音樂相當程度的真實反應了當代的社會現象，但，於本章節我們的重點不在於討論毒品之害，當然，我們也絕

非歌頌，亦不做任何道德上的批判，我們將聚焦在造成「上癮」這種行為背後的原因、運行機制及其所衍生的意涵。

其實不只是毒品，包括對網路的依賴、購物、吸煙、酗酒、賭博、處方藥品的濫用等等，這些行為共同的特點就是因為「上癮」而無法自拔或個體本身也根本不自覺，並且上述行為都和腦中的獎賞路徑 (reward pathway) 運作以及心理上的渴求感 (craving) 有關。而上癮，也並非全然如此的負面，有人每天慢跑、游泳、彈奏樂器，一天不做就覺得渾身不太對勁。或是集郵、收集古玩字畫、黑膠唱片等文人雅士之癖好，他們願意不辭辛勞、不計代價的就是要弄到手，卻也樂在其中，這些行為也都是受到大腦獎賞路徑活化的影響。但是你絕對不會說他們是中了毒上了癮，充其量只能算是「理性的沉溺」(rational addiction)。

再如，許多「利社會」的行為像是見義勇為、樂善好施、參與非營利事業組織 (Nonprofit Organization, NPO) 或非政府組織 (Non-Government Organization, NGO) 的志工服務等，透過付出、幫助別人，自己也因此得到成就、滿足與愉悅，也是大腦獎賞路徑活化的另一種表現。

目前學界對於成癮、依賴的腦科學研究已是近十年來的顯學，跨學門的共識則認為生理上的「上癮」主要是大腦獎賞路徑機制所致，而心理「依賴」機制則更為複雜，除了獎賞路徑外，它還涉及到大腦杏仁核、ACC、海馬迴等等。於是，這一切又回溯到先前章節中所論及的「效用」，這當然要包括主角「多巴

胺」這神經化學物質以活化大腦獎賞路徑，以及前提：若沒有預期，則，何來的效用？

接下來讓我們想像一個你、我都有類似經驗的情境：你是一位咖啡的愛好者，每天都至少要喝上一杯，而且都到你固定光顧的那家標榜手工烘培的咖啡館，通常午休時間的這杯咖啡是你一天當中最期待的，也是你提振下午工作士氣的來源。某天與同事午餐後，照往常的來到這家咖啡館，可惜沒開門，失望之餘就近隨便找一家便利商店買杯熱美式湊合著喝。但，不喝還好，喝了倍感失落，味道、濃度、口感實在差太遠，而勉強喝完的結果是一整個下午感覺很無精打采！

現在的問題是：在理論上，咖啡因的提神效果並沒有品牌與口味的分別，或許濃度稍有高低，但為何還會造成這種如此大的落差？還是只是純粹因為和預期不同？那原本預期的是什麼？飄著濃郁的咖啡香，暖色系古董擺設的氛圍，爵士樂頹廢的美感，溫潤飽和的口感以及份量足夠咖啡因。其實這一切的情感記憶老早就都被你的大腦「標記」下來了，也正因為如此，才會有所謂的「預期效用」。所以當你決定要去喝咖啡執行這個行動方案時(亦或，那一瞬間)，預期效用就產生了，多巴胺開始分泌。當然，目標是朝著要到達被「標記」過的水準 (超過一點點會更好)，如果實際上的感受未達到該有的水準則失落感油然而生，若如預期中的或比預期來的更好一點則效用獲得滿足 (即大腦獎賞路徑活化)，下一次你會期望至少相同的水準或更好的效用，於是，你就上癮了！

根據上述的論點，我們可以歸結出以下三點初步的共識：

1.效用來自於預期。

2.對預期的衡量已被標記 (無論是否自覺)。

3.符合標記水準的多巴胺分泌滿足效用。

8.2 軀體標記假說

而上列三點當中，最抽象又不易刻畫的就是所謂的「標記」。這機制是存在的、可被理解的、符合邏輯的，但這一切似乎只是「似乎」。所以我們整理了以當今「神經經濟學」之觀點，概括摘要了「軀體標記假說」(somatic-marker hypothesis) 如下：

情感在決策中扮演了角色，更明確的說法應包括 (1) 於日常生活規則中神經的次流程是包裹在情感行動方案裡的一部分，如同賞罰的誘因驅策流程。 (2) 在情感行動方案裡將情感讀出的神經基礎，名之為「情感的感覺」。

在描繪原本的軀體標記假說，建議將情感對決策過程的影響做神經性的極致運用到各種不同的層級，從高的感覺基底層級至賞罰的訊號層級，無須贅言強調生物學於此處其無庸置疑的價值。而情感的概念此時被危險的截斷，將情感從賞罰本身的內容中抽離出來是主要的觀念問題，另一個主要的觀念問題是不能混淆「情感」與「情感的感覺」，前者是行動方案而後者是經由自覺、認知導致隨之而來的行動方案；他們是不同的神經基底造成不同的現象。

視決策進行的階段與情況，情感會扮演它自己的角色無論是否自覺，當自覺情感影響決策時，其決策標的可被「標記 (marker)」查覺甚至成為歸因，如回報「直覺」。但，決策亦有可能神不知鬼不覺的被影響。假說指出無感的偏好傾向能改變決策流程網絡，將流程帶往另一個方向。如同特定神經調節物質運行在不同層級的神經迴路網絡，最終通往大腦皮質層 (cerebral cortex) 的運作。

在軀體標記假說的架構下，我們描繪病患的異常決策究因於認知障礙；該障礙則根源於情感障礙，換言之，情感缺損 (defect) 無法單獨解釋這異常，是情感障礙改變了認知的過程。

「軀體」這專業術語需要進一步澄清，達馬西奧 (Damásio) 1996年援用由生理學機制中聯想出來的「體關聯」(body-relatedness)，決策機制被使用到所有與社會相關之新事物以及與經濟相關之特定事物，決策機制如例行公事般的聚焦在身體生理學上，「軀體」由此而來。

在軀體標記假說中的「標記」常引起誤解，此處指的是「記憶痕」(memory trace)，標記由過去經驗之主題「習之」而來，情境如下：(1) 需要決策 (2) 行動選項的喚起 (3) 促使須做決策，及 (4) 導致特定的結果。其結果必將被情感感受到；正面或負面；賞或罰。換言之，標記成立於確定的事實情境上 (問題的緣起、肇因；行動方案的選項；事實結果)，並關連到確定的情感結果。標記標示了聯結過去的經驗，確定的情境類別，或，情感回饋結果的確定

類別。標記如同記憶痕被紀錄在大腦皮質層的迴路指南，腹中前額葉皮質 (vmPFC) 是最明顯的範例。

標記會再度活動，當特定情境類別重現於關鍵主題時，換言之，處裡一個情境極類似並曾經據此做過的決策情境時，將立即喚起相關信息，這「喚起」 (recall) 可能自覺、可能不自覺，上述的任一者都會促進複製部份或全部的情感狀態與之聯結到情境的特殊級等、選項，或結果。對正常的個體而言，標記「介入」 (weights in) 決策過程，除非其 vmPFC 受損。

好了，先暫停。以上說了一堆太「形而上」且讓你看的似懂非懂的文言文之後，我們回歸飲食男女的「形而下」。基本上，人類為了生存下去及繁衍後代，需要食物與性。於是豐盛的食物、性行為都會讓人感到興奮愉快與滿足，意即，當生物原始欲望獲得滿足，大腦獎賞機制就被刺激活化；因此確保人類可以繼續繁衍。不只人類，所有的哺乳類動物亦具備同樣的機制，這機制從生物學的觀點是饒富哲理的，如同我們所讚嘆的造物者之偉大、精妙。但是，無關生存繁衍的外在物質刺激包括毒品、藥物、酒精、咖啡因、尼古丁等，也會刺激大腦多巴胺的分泌，並在特定的腦區作用，進一步產生「爽」、「過癮」的感覺，無論原始欲望滿足或外在物質使用，這些行為訊息會刺激活化大腦的獎賞機制。

大腦獎賞路徑如何運作？與大腦獎賞路徑有關的結構包括中腦的腹側蓋區(VTA)、伏隔核 (NAcc) 及前額葉皮質層。外在刺激

或行為會作用在大腦的VTA，之後訊息透過神經纖維 (神經元、神經叢) 傳遞至NAcc及前額葉皮質層，同時讓腦中的多巴胺分泌增加，產生愉悅感，這種回饋機制可驅動人的「外在行為」變得更加明顯。在這裡特別值得一提的是：大腦構造與思考、行為之間極其複雜，同樣是多巴胺，不一定會產生相同的影響，一般而言，成癮者需要多巴胺分泌以得到滿足，但精神分裂症患者則是多巴胺分泌的量太多，帕金森氏症患者則反倒是多巴胺分泌的量太少，所以「標記」是衡量過與不及的座標，從這個角度來看，「軀體標記假說」也是饒富哲理的，也如同我們所讚嘆的造物者之偉大、精妙。

現在的你應該可以約略領會，為何一旦上了癮就很難戒！顯然「標記」及其所刻下的「記憶痕」度量了多巴胺，並誤導了它 (效用) 多多益善。也因此可以推論出對於快感的記憶，必定會危害戒癮。不少的酒癮、毒癮或藥品上癮者，一開始腦內的獎賞路徑不斷被刺激活化，久而久之產生了心理依賴，這種「欣快感覺」會根深蒂固的被記錄至大腦掌管深層記憶的海馬迴中，當只要「想」要這欣快感而不可得時，就會想盡一切辦法，極度渴望的想得到這種感覺。也正因這個記憶「深刻」，即使成功戒酒或戒毒，生理上已無任何不舒服症狀 (戒斷症狀)，但內心深處仍存在這渴望欣快感的記憶，只要再有機會接觸酒精或毒品，或看到類似事物就可能破戒。因為外在環境刺激極容易誘發獎賞路徑活化，當再有機會接觸時，腦中即不斷浮現「我要想盡一切辦法做

這件事」的渴望念頭，由此可知何以一旦上癮就很戒斷。

再則，多巴胺能夠激活大腦中的獎賞路徑，讓我們體驗幸福愉快的感覺。基本上，能激活獎賞路徑的事，要有利於你本人的生存，要有利於基因的繁衍，如前述的食物與性行為。食物就是最好的例子，獎賞路徑會認為「熱量即生存」，高熱量的食物會讓大腦分泌釋放大量的多巴胺，產生愉悅感覺，所以我們更愛巧克力蛋糕、炸雞腿、冰淇淋而不是水煮麵條、燙青菜。當然這裡指明的是個體的本能反應，其實我們真正渴望的不是如本章開頭所舉的例子中的那杯「手工烘培咖啡」，而是多巴胺，多巴胺才是我們許多行為的終極原動力。當然，大腦中的多巴胺越多，神經細胞的接受性就會變得越差，對多巴胺就越不敏感，這也就是為什麼上癮的人需要越來越強烈的刺激。

最後我們以「古人」的相關觀點簡單的呼應一下本章節的幾個重要的觀點，首先，孔子在《禮記》之中論及「飲食男女，人之大欲存焉」，雖然我們無法考究2000多年前生物學與神經科學在當時中國的發展，但這的確是至聖先師孔子對於「人生」的獨到見解。其次，與孟子同時期的「告子」，當時也是一位年輕的哲學家，他對孟子的「人性本善」觀點不甚認同，就上門與孟子開研討會。在辯論的過程中告子說了句「食色，性也」，意思是食欲和性欲都是人的本性。對於2000多年前的這場有關人性本質的論證，最終被記載在儒家的經典著作《孟子》之中，而從此之後，這也成為今日論述食欲和性欲本質的最早可追溯的文獻。或

許等到人類的基因解碼完成之後，證明這「軀體標記假說」老早就紀錄在人類的基因裡代代繁衍至今(或許正因為這樣人類才能夠繁衍至今)，以及順便證明我們的古人獨立研究的卓越能力。

另外，我們都讀過的司馬光《訓儉示康》：「顧人之常情，由儉入奢易，由奢入儉難。」這套用到預期、效用、多巴胺、上癮的這個概念進程裡，倒也真的是貼切呼應了「人之常情」之難與易；上癮容易戒除難！當然，上癮也絕非全然的負面，在《論語 雍也篇》當中；「賢哉，回也！一簞食，一瓢飲，在陋巷，人不堪其憂，回也不改其樂。賢哉，回也！」，顏回是不是上了「安貧樂道」的癮？這我不是那麼的確定，但，我絕對相信這是一種理性的沉溺與修煉！

8.3 創新的腦神經機制

創新：是「一連串」(強、弱連結)「有備而來」(自覺、不自覺) 的「啟發」；亦或是一場「早已就緒」的「意外」！

對這幅畫有印象吧？

圖8.1：梵谷的《星夜》(The Starry Night)

　　圖8.1梵谷的《星夜》(The Starry Night)，現收藏於紐約的現代博物館 (Museum of Modern Art, MoMA)，是其最有名的館藏。梵谷 (Vincent Willem van Gogh，生於1853年3月30日，逝於1890年7月29日)，荷蘭後印象派畫家。他是表現主義的先驅，並深深影響了二十世紀藝術，尤其是野獸派與表現主義。梵谷的作品，如《星夜》、《向日葵》與《有烏鴉的麥田》等，皆已成為全世界最廣為人知與珍貴的藝術品，這些作品多半是在他生前的最後二年所創作的，而這段期間，梵谷卻百病纏身 (精神分裂、躁鬱、癲癇、梅尼爾氏症)，最後在他37歲那年舉槍結束自己的生命。

　　他27歲才開始學畫，當時沒人看好他，生前只賣出一幅畫作。

但他人生的最後的10年間卻瘋狂的日以繼夜的創作了2000多幅作品 (平均一天半畫一幅)。後來的科學家由他的病歷、書信、畫風推敲，推論出梵谷各種超乎常人的行為很可能是因為由內耳內淋巴水腫引起的「梅尼爾氏症」，成為不斷困擾他的「眩暈」問題。該症發作時除了感覺天旋地轉外，還伴隨耳鳴、耳漲、重聽。梵谷留下來的病歷顯示，梵谷長期受聽力、幻覺所苦。而分析梵谷書信的科學家認為，梅尼爾氏症的患者，發作時會恨不得割掉耳朵。而且，不斷復發的病症與暈眩會導致梅尼爾氏症病人產生嚴重的心理與精神問題。因此，錯位的視覺、令人神經緊繃的耳內噪音，極可能是創造出梵谷畫中獨特的旋轉式筆觸的主要原因。

對這部電影有印象嗎？

圖8.2 電影星空海報

圖8.2《星空》(Starry Starry Night) 由導演林書宇 (成名作：九降風) 改編自知名繪本作家幾米的作品《星空》，入圍2012金馬獎的《最佳新人獎》、《最佳改編劇本》、《最佳美術設計》、《最佳視覺效果》等項獎。由徐嬌 (長江七號)、林暉閔、劉若英、庾澄慶、桂綸鎂等人演出。劇中的女主角面臨爺爺驟逝、父母決定離婚，一連串打擊接踵而至，無所適從的小女孩，終於鼓起勇氣和小男孩一起逃離不愉快的家、學校與這座城市，前往山上爺爺的木屋，尋找最燦爛的星空，電影主題曲唐麥克林 (Don McLean) 的 Vincent 隨著劇情旋律響起。

所以，接下來，對這首歌有印象嗎？

美國知名創作歌手唐麥克林收錄於1971年冠軍專輯《美國派》(American Pie) 的作品《Vincent》，便是Don McLean在紐約MoMA觀賞過梵谷的《星夜》這幅畫作後，深受感動所創作的傳世經典。歌詞所能捕捉的畫面：

Starry, starry night

Paint your palette blue and gray

Look out on a summer's day

With eyes that know the darkness in my soul

Shadows on the hills

Sketch the trees and the daffodils

Catch the breeze and the winter chills

In colors on the snowy linen land

一位臨終前瘋狂作畫的畫家的2000多件作品當中的一幅畫作，在80年後，啟發了一位創作歌手，這位歌手為這幅畫寫的這首歌，在留傳40年之後，啟發了另一位插畫家也接連啟發了另一位導演。經過這120年的鋪陳，我們再回過頭來檢視我們對創新所下的註解：「創新是一連串有備而來的啟發；亦或是一場早已就緒的意外！」或許，你也隱約覺得好像有那麼點道理。

9.3.1 創新與效用

無庸置疑，創新是可以帶來主觀上的「直接效用」，洞見一個現象、發明一項專利、解開一個難題、偵破一樁懸案、完成一件作品…甚至是作出驚世駭俗、史無前例的「創舉」。如果你有類似的經驗，當下你一定會覺得很有成就感、很得意、很開心，也就是很「爽」！沒錯這就是效用！但最迷人的地方是有沒有後續的「加乘效果」？！比方說寫好一首歌，爽，當你上台表演這首歌獲得如雷的掌聲時，更爽，當你聽到別人也開始傳唱你寫的這首歌時，爽極了！顯然，加乘效果雖跟隨於直接效用之後，且，不一定會發生，倘若一但發生，其加總的效用遠遠超過直接效用，於是如先前章節所述：大量的多巴胺先是讓你過足了癮，你也會因此上了癮！接下來會發生甚麼事？我想大家都料想的到。

可供類比的情況：有些窮極無聊的人整天幹些窮極無聊的事，只為了不斷的締造「金氏世界紀錄」(關於這一點，你一定頗有同感)。惡名昭彰的奧地利定點跳傘極限運動愛好者費利克斯‧

鮑姆加特納 (Felix Baumgartner)，從台北101大樓頂樓躍下，在空中打開降落傘盤旋信義區3分鐘，一落地隨即快閃，搭接應的車趕往機場火速出境。晚間新聞報導時，他人已經在香港的蘭桂坊開慶功趴，他說他跳成功之後，是世界上最「快樂」的人 (很直覺的，他絕對不是第一次幹這種事)。

日本冒險家三浦雄一郎，2013年以80歲的高齡三度成功登上了珠穆朗瑪峰的峰頂，改寫了最高齡攻頂的世界記錄。三浦雄一郎曾在2003年70歲時首度登上珠穆朗瑪峰，5年後再度以75歲的高齡二度攻頂成功。所以，你說他是不是上了癮？

以上關於效用的論述或許可以提供部分的證據於個體創新行為上的動機，但，顯然的，這和我們主觀認知上的「創新」好像還有那麼一小段距離，除了藝術相關領域的創造與創作需要投注大量的感情與釋放大量的感覺之外，在科學上的突破研究與科技上的應用成就，雖然「熱誠」還是被需要的，但其他方面好像都需要大量、長期的理性思維，絕非靠著一時興起。但，不可諱言的是，知識、技能、訓練是一切創新的基礎！也就是「有備而來」的基礎！因為即便是一時興起，若缺乏知識、技能與訓練，讓你揹著降落傘站上台北101大樓，恐怕你也不敢往下跳。若缺乏知識、技能與訓練，即使你有飽滿的創作靈感，恐怕也寫不出一首歌或是畫出一幅畫。接下來我們會順著這「理性」與「知能」的二個脈絡往下討論。

8.3.2 創新的動機與理性思維

在先前的章節中我們有提到：如果被你的大腦思考過，我們稱之為「認知性詮釋」，也是所謂理性思維的過程，是被推敲思考、經過比較的相對客觀的認知過程。順便複習一下，這路徑上的順序為組織、類化、推論、記憶。於是乎我們的大腦在理論上是具備了識別、分析與解決問題的能力。而現在的「問題」是「問題」從何而來？

如果一切都很好，很滿意，皆大歡喜，哪來的問題？可惜人生不如意，十之八九！莫怪貪、嗔、痴，只能怪欲望未獲滿足 (缺乏效用)；需要時，沒有或不夠；想要時，卻不可得。而需要是以「現實狀態」為基礎，想要則是以「理想狀態」為基礎，當中之差異在哪？比方說你的鞋底破了一個洞，下雨天滲水，「需要」買雙新的 (現況不佳)。或是，你有鞋穿但永遠覺得少一雙，你逛街看到一雙新的款式「想要」立即擁有 (符合理想)。其中若有不可得者，問題就來了，你得解決它！特別是後者，很多女生 (無意冒犯喔！) 若不解決這個大問題，則會夙夜幽歎，輾轉反側，寢不能寐，食不下嚥！自有歷史以來人類面臨的重大問題 (needs and wants) 當然不僅止於此，所以我們一路走來都在創新 (為了解決問題)，也見證了創新 (問題被解決)，更不斷享受著創新的成果 (持續解決下一個問題)。因此，在這裡我們為創新找到了一個非常明確的動機－「解決問題」。而在經濟學的文獻上常看到創新又被分等為突破性 (drastic) 與漸進式 (non drastic)兩種，通常突破性創

新 (drastic innovation)，其特徵是打破陳規，改變傳統和大步躍進，這大都基於理想狀態 (想要) 而發生，而漸進式創新 (non drastic) ，特徵是採取下一個邏輯步驟，讓事物越變越好，這大都基於現實狀態 (需要) 而發生。

8.3.3 創新的能耐與知能

事實上，我們前一個脈絡的討論並沒有結束，只先討論完創新的動機，是因為這在大腦神經機制裡是平行、同步的運行，所以我們得先進入下一個脈絡。在稍早的章節中我們曾約略的提及這相關的概念－「基模」(schema)：個體的記憶庫裡長久累積的知識結構。既然這知識是以「結構」為名的形式累積、儲存，那就表示它可以被邏輯化的剖析。想像一下你的電腦的「磁碟」，一定建立了許多的資料夾，因為你會把相關的檔案彙集在一起，給它一個名稱 (明確但可能籠統的定義) 下次好找。經過一段時間，每個資料夾裡又塞滿了一堆的檔案，於是你會把原本從屬於同一個資料夾裡更緊密相關的檔案，再細分彙整到下一層的資料夾，一樣會給它一個名稱 (明確且更精準的定義) 下次好找。久而久之這一個資料夾下分好幾層，於是這科層維度的「結構」就出現了。

另一個維度的結構是，如同你電腦裡所儲存的每一個檔案，每個檔案除了檔名都有建立日期、修改日期、存取日期，所以是有一條隱形卻又真實存在的「時間軸」串聯起一切。當這兩個維度交織疊在一起則形成了上述的「基模」，意即你過去所有受過的專業

知識、技能與訓練，從啟蒙到調整、精進到最後一次運用的結果、效用感受，都分門別類的存在基模裡。因此你具備了解決問題的知能；也就是創新的能耐，而這一切都是「一連串」有備而來的，只待「啟發」－節點 (node) 的活化 (link)。白話文的意思就是：存在你大腦C磁碟裡的眼前派得上用場的所有檔案、資料夾同時或瞬間依序打開，派上場用到了！並得到可能相同或不同效用感受的最後一次運用的結果！這最終運用的結果會被安置在大腦記憶庫 (海馬迴) 中適切的資料夾 (定義) 所在位置，並被標記時間的儲存下來。當然，這裡不是終點，而是下一次「啟發」的起點，如前述，基模是過往認知、學習、經驗等知識結構的總累積，其中當然也包括了獲取資訊與儲存資訊的過程，以確保需要的時候可以隨時擷取。這相關的大腦神經運作機制以及運作區位，我們在「認知與學習」這個單元中有詳細的介紹這裡不再贅述。

你現在會不會有一個疑問？為什麼我們可以用電腦來類比人腦的運作？答案是：電腦是人腦發明的！也是人腦在使用電腦！

回過頭來看，費利克斯·鮑姆加特納他之所以敢從台北101往下跳！絕對不是只有動機而已 (台灣的地標，全球屬一屬二的摩天樓，刺激又違法，一跳舉世皆知) ，還得要有能耐 (有備而來的知識、技術、經驗) ！所以，愛因斯坦的「$E = mc^2$」也絕對不會是憑空得來，若無深厚的「底蘊」，既使有再多的啟發也無法產生具體的結果！

現在我們有了「動機」與「能耐」，是否如「啊哈」(Aha)

現象的「靈光乍現」就一定會出現？人類大腦有超過1千億個神經元與數以兆計的神經連接，如何運行？目前只能用「奧秘」這二個字來形容，以現有的文獻研究、技術、設備也只能進入初步探索的階段，所以我們也僅能站在現有的基礎上試著揣摩這靈光乍現。大腦的皮質層 (cerebral cortex) 負責推敲、思考、建立認知，此時其他地方也沒閒著，同步將訊息與大腦記憶庫 (海馬迴) 中「既有的記憶」抑或「觀念」連結，以模擬出一個「有意義」的概念與現有的各個不同層級的「定義」(檔案、資料夾) 尋求辨識、歸類、媒合，先得到一個整體性的觀感，有助於我們在極短的時間內做出對下一步的判斷。而這下一步的判斷，既停留在皮質層繼續推敲、思考、建立新認知，又持續在活化 (link) 節點 (node)，連結既有的記憶、觀念，週而復始的判斷出許許多多的下一步 $(n \to \infty)$！

　　另一方面，活化與思考的同步來來往往的奔忙運行之中，偶爾會「不自覺的」、「下意識的」或是「故意的」、「自覺的」嘗試跳脫出直接表現的訊息陳述 (較強的連結、觀念直接相關)，而「意外的」從另外一些的線索 (較弱的連結、觀念較不相干) 中著手進行解讀出一些弦外之音或可能性，我們先姑且稱之為「啟發」，當這弦外之音、可能性陸續納入繼續活化與思考的同步來來往往的奔忙運行中，終於皇天不負苦心人，靈光乍現！「Aha」！「bingo」！問題迎刃而解，現況改善了，理想狀態實現了。

　　這觀念 (來自於點子、構想、創意的靈光乍現) 的改變，並不

會改變初始的訊息，卻會迅速改變訊息本身的意義，於是認知不同了，連結不同了，路徑不同了，創新發生了！經由上述的討論，前扣帶迴皮質 (anterior cingulate cortex, ACC) 的負責「啟發」功能的攸關性的角色於焉浮現！諸多文獻都支持前扣帶迴皮質(ACC)負責將訊息與既有的記憶連結，但它的功能不僅是通道，也不僅是衛星導航系統，它還可以是交通流量控管系統！也就是說，它不但是路而已，它還可以幫你找路，還可以幫你找不堵車的路！因為它有一個「神奇」的作用：抑制過強的連結 (車流量大，堵車)；增進較弱的連結 (疏通車流)，這作用等同於調控了訊息的流向。調整的結果可以讓你的思維暫時離開「理所當然」、「死胡同」、「牛角尖」！此時，因為「前扣帶迴皮質」(ACC) 這神奇的作用，也「啟發」了我們可以名正言順的串起了「創新的動機與理性思維」以及「創新的能耐與知能」這兩條脈絡，合理、完整的勾勒出「創新」在大腦神經機制的整體運行過程。

8.4 「不意外」？！

當你想到「藝術家」，你的腦海裡會浮現什麼樣子的人的形象？「不修邊幅」、「率性」一定是很多人的選項！當你想到「科學家」，你的腦海裡會浮現什麼樣子的人的形象？看到圖8.3之前，是不是「愛因斯坦」的樣貌就不自覺的出來了！當然這很可能是所謂的刻板印象，但，為什麼會有這樣子的刻板印象？我們現在試著找找原因。

圖8.3 誰是藝術家？誰是科學家？

　　大腦的前額葉皮質，主要是負責事前的計畫、考慮後果、規避風險，以及情緒管理、自我監控…等，是大腦中發展最慢的額葉皮質，大約要到20歲左右才會完全成熟。這裡專司理性思考也就是所謂的「自我監督中樞」。基於此，所以我們一般人經由逐漸的「社會化」之後都會很在意自己的理想的自我形象 (我心目中的我)，以及社會的自我形象 (別人眼中的我)，還有理想的社會自我形象 (期望別心目中的我)。因為我們都活在社會之中並時時刻刻與社會互動著，我們也都承認他人對自己是有影響力的，所以我們會在乎別人的眼光，所以我們穿著合宜、舉止得體、進退有據、謹言慎行 (既使你不想) ！不敢特立獨行、放浪形骸、不修邊幅、旁若無人 (雖然你很想) ！這是因為我們的「自我監督中

樞」也在時時刻刻的啟動著。

但是，很多人三杯黃湯下肚就不一樣了，膽子壯了、說話大聲了、舉止乖張了、許多平常不會做的事都使出來了，彷彿變了一個人！你可以說他「酒品差」，但真正的原因是：酒精抑制了前額葉皮質的自我監控功能！特別是平常就容易「暴衝」的人，難怪傳說詩仙「李白」醉酒後在船上見水中倒映之月，為撈月而掉落河中溺斃。所以，這又給我們另一個「啟發」！詩仙的才情豪放與前額葉皮質的自我監控，會不會有人是天生的前額葉皮質自我監控的功能就不彰？天生就很釋放 (放肆)？認知訊息就很釋放 (放肆)，連結也很釋放 (放肆)，促進弱連結的調控更釋放 (放肆)？因此天生就是個創新者！一體兩面，這種人當然也會比較特立獨行、放浪形骸、不修邊幅！所以，這「刻板印象」是有道理的，你可以很容易的辨識出藝術家的氣質，同理，你對藝術家的行徑也不會感到太「意外」。

現在我們回顧一下本章開頭提到的「梵谷」，不論他的耳朵是自殘還是「高更」防衛過當失手劃下的，都已不可考，但可考的是：帶著耳朵去找妓女「瑞秋」的是梵谷，耳朵包著紗布來個自畫像的是梵谷，被弟弟因此送進精神病院治療的是梵谷，2年後在精神病院舉槍自盡的是梵谷。而舉世知名的《星夜》 (The Starry Night)，卻也正是在這段期間所完成的作品！所以我不意外，或許有些人天生的前額葉皮質自我監控的功能就不彰！比較婉轉的說法是：這種人沒有被一個無形的「框框」框住，所以不

意外的，格局必較寬廣！

　　因為這是一本書，所以我們不能在這麼宿命的觀點之後畫下句點！我們要起、承、轉、合！呼應前述「創新的動機與理性思維」、「創新的能耐與知能」！所以，創新是需要知識、底蘊，創新是需要專注、努力，創新也往往始於效用。或許，有些人天生就是創新者，但他們只會是一項領域的翹楚，愛迪生雖然有許多系統性的創新與發明，但仍只侷限在電學的領域之中。這更真切的說明了一件事：擁有知識、技能與訓練，才能讓你獲得啟發並發揮解決問題的能力，因此而得到效用！或欲罷不能！

延伸閱讀

Barad, M., Gean, P. W., & Lutz, B. (2006). The role of the amygdala in the extinction of conditioned fear. *Biological Psychiatry*, 60(4), 322-328.

Bechara, A., Damásio, A. R., Damásio, H., & Anderson, S. W. (1994). Insensitivity to future consequences following damage to human prefrontal cortex. *Cognition*, 50(1), 7-15.

Bechara, A., Damásio, H., Tranel, D., & Damásio, A. R. (1997). Deciding advantageously before knowing the advantageous strategy. *Science*, 275(5304), 1293-1295.

Dalgleish, T. (2004). The emotional brain. *Nature Reviews Neuroscience*, 5(7), 583-589.

Damásio, A. (2005). *Descartes' Error: Emotion, Reason, and the Human Brain*. Penguin. com.

Damásio, A. R., Everitt, B. J., & Bishop, D. (1996). The somatic marker hypothesis and the possible functions of the prefrontal cortex [and discussion]. *Philosophical Transactions of the Royal Society of London. Series B: Biological Sciences*, 351(1346), 1413-1420.

Damásio, A. R., Grabowski, T. J., Bechara, A., Damásio, H., Ponto, L. L., Parvizi, J., & Hichwa, R. D. (2000). Subcortical and cortical brain activity during the feeling of self-generated emotions. *Nature Neuroscience*, 3(10), 1049-1056.

Kahneman, D. (2003). Maps of bounded rationality: Psychology for behavioral economics. *The American Economic Review*, 93(5), 1449-1475.

LeDoux, J. (2003). The emotional brain, fear, and the amygdala. *Cellular and Molecular Neurobiology*, 23(4-5), 727-738.

LeDoux, J. E. (2000). Emotion circuits in the brain. *Annual Review of Neuroscience*, 23(1), 155-184.

Maia, T. V., & McClelland, J. L. (2004). A reexamination of the evidence for the somatic marker hypothesis: What participants really know in the Iowa gambling task. *Proceedings of the National Academy of Sciences of the United States of America*, 101(45), 16075-16080.

Mosconi, M. W., Cody-Hazlett, H., Poe, M. D., Gerig, G., Gimpel-Smith, R., & Piven, J. (2009). Longitudinal study of amygdala volume and joint attention in 2-to 4-year-old children with autism. *Archives of General Psychiatry*, 66(5), 509.

Persaud, N., McLeod, P., & Cowey, A. (2007). Post-decision wagering objectively measures awareness. *Nature Neuroscience*, 10(2), 257-261.

Pessoa, L. (2008). On the relationship between emotion and cognition. *Nature Reviews Neuroscience*, 9(2), 148-158.

van Reekum, C. M., Urry, H. L., Johnstone, T., Thurow, M. E., Frye, C. J., Jackson, C. A., Schaefer, H. S., Alexander, A. L., & Davidson, R. J. (2007). Individual differences in amygdala and ventromedial prefrontal cortex activity are associated with evaluation speed and psychological well-being. *Journal of Cognitive Neuroscience*, 19(2), 237-248.

Vermetten, E., Schmahl, C., Lindner, S., Loewenstein, R. J., & Bremner, J. D. (2006). Hippocampal and amygdalar volumes in dissociative identity disorder. *The American Journal of Psychiatry*, 163(4), 630.

國家圖書館出版品預行編目資料

神經經濟學 / 池秉聰, 白紀齡著. -- 一版. -- 新北市：淡大出
版中心, 2014.09
　　面；　公分. -- (學術叢書；AB001)
　ISBN 978-986-5982-50-8(平裝)

1.經濟學

550　　　　　　　　　　　　103009908

學術叢書：AB001　ISBN 978-986-5982-50-8

神經經濟學
Neuroeconomics

作　　者　　池秉聰、白紀齡
責任編輯　　賴霈穎
封面設計　　斐類設計工作室

發 行 人　　張家宜
社　　長　　邱炯友
總 編 輯　　吳秋霞

出 版 者　　淡江大學出版中心
　　　　　　地址：25137 新北市淡水區英專路151號
　　　　　　電話：02-86318661/傳真：02-86318660

總 經 銷　　紅螞蟻圖書有限公司
　　　　　　地址：台北市114內湖區舊宗路2段121巷19號
　　　　　　電話：02-27953656/傳真：02-27954100

出版日期　　2014年9月 一版一刷

定　　價　　280元